新版
これから経済学をまなぶ人のための
数学基礎レッスン

西森 晃
Nishimori Akira

日本経済評論社

はじめに

　経済学はとても面白い学問です。私はこの学問に 20 年ほど前に出会い，それからずっとこの学問と付き合っています。

　最初の出会いはなかなか衝撃的でした。大学 2 年生のときに受けたミクロ経済学の授業で，その論理の美しさと，その応用範囲の広さに圧倒されたのです。音楽や小説ではなく，学問に感動するという経験をそのとき初めてしました。「ああ，高校までに自分がしてきた勉強は，この学問に出会うためだったんだ」とすら思いました。

　その後，その講義を担当されていた先生のゼミに入り，大学院に進み，幸運にも経済学の研究と教育に携わる職に就くことができました。いまは，私が受けた感動をなるべく多くの学生に伝えたいと思いながら教壇に立っています。

　ところで，経済学部というのは一般的には文系に区分されているものの，ある程度の数学的な分析を行うところです。数学ができないと経済学を理解できないのか，と問われると答えに悩むところですが，少なくとも経済学を学ぶときに数学の知識とセンスがあるとずいぶん有利になることは間違いありません。

　もちろん，経済学部に入ってくる全ての学生が数学を得意にしているわけではありません。現実はむしろ逆で，数学があまり得意でないから経済学部に来たという学生も少なからずいることでしょう。しかし，せっかく経済学部に入ったのだから，ぜひとも経済学の面白さ，美しさを体験してもらいた

いと思っています。そしてそのためには，やはり，ある程度の数学の勉強が必要になります。

　幸いなことに，大学で入門的な経済学を学ぶとか，社会人としての常識的な経済学の考え方を理解するという程度であれば，それほど難しい数学は必要ありません。誤解を恐れず大胆に言い切ってしまうと，必要なのは主に次の6つです。

(1) 関数とグラフ（主に1次関数，2次関数）
(2) 連立方程式
(3) 指数・対数
(4) 数列（主に等比数列）
(5) 微分
(6) 確率・統計

どうですか。これを見て「難しそう！」と思う人も「意外とたいしたことないな」と思う人もいるかと思います。でも最初の2つは中学校で習う内容ですし，残りの4つにしても，とりあえず使い方を覚えるだけであればそれほど難しいものではありません。根本的な考え方や公式の証明などは（少なくとも当面は）知らなくても何とかなります。奇問・難問を解く力も不要です。

　なので，何よりもこれを強調したいのですが，「数学」というだけで過度に恐れることをまずはやめてみましょう。数学は見た目こそ無愛想で気難しそうですが，基本的には一本気でいいやつですし，その頑固な考え方は慣れればむしろ扱いやすくなります。そして，いろいろな意味でとても役に立ちます。物事を筋道立てて考えたり，客観的に見たりするための訓練にもなります。数学の勉強をするのは，苦労するためではなく，むしろ複雑な問題の処理を楽にするためです。もちろん，何の苦労もなく楽しく学ぶというわけにはいかないかもしれませんが，ここで頑張っておけば後々とても良いことがあるということだけは保証します。

昨年度，私はいろいろな偶然をきっかけに日本経済評論社から「高校生のための数学入門」というブックレットを上梓しました。これはタイトル通り高校生に向けて書いたものですが，出版後，しばらくして同社の鴇田祐一氏から今度は大学生・社会人向けに経済数学の本を書いてみてはどうかという提案を受けました。

　経済数学の教科書は数多く出版されており，その中には良書も少なからずあります。執筆者の方々もそうそうたるメンバーばかりで，この話を最初に伺ったとき，私なんかがその一員となって良いのかという気後れのようなものがありました（実は，今でもあります）。私は経済数学を専門としているわけではないですし，正直に告白すると，それほど数学が得意というわけでもありません。経済学で使う数学については，それなりに使いこなせるという程度です。

　ただ，発想を少し変えれば，そこに私の入り込む隙間があるのかなという気もしました。数学の教科書はどうしても厳密性とプロセスを重視しがちです。また，教科書を書いているとついつい，いろいろなことを教えたくなります。でもそこを大胆に割り切って，「経済学を楽しむために必要なツールを，とりあえず使えるようになる」ことを目指した教科書が一冊ぐらいあっても良いかなとも思うのです。

　きちんとした定理や証明，細かな用語の定義は，ある程度ツールを使いこなせるようになってからまた勉強してください。ここでは扱われなかったトピックス（積分や行列など）についても必要に応じて学習していけば良いと思います。まずは「数学に慣れること」，そして「使って楽しむこと」から始めましょう。

　これから，経済学で必要な数学の概念を説明していくことにします。それぞれの章では，純粋に数学の話だけをするのではなく，そこで取り上げられた数学が経済学とどのように関連するかを絡めながら進めていくようにしたつもりです。これを読むことによって，数学への抵抗感が薄れ，皆さんが経済学の授業を楽しめるようになってくれればこれほどの幸せはありません。練習問題もたくさん準備しましたので，積極的に取り組んでみてください。

本書を執筆しながら，20 年前のあの時の感動を思い出しました。私をこの世界に導いてくださった奥野信宏先生に感謝します。また，奥野ゼミの先輩の宮澤和俊教授と小川光教授，そして私のゼミ生の渡邊紘子さんと船崎瑶介君には，原稿に丹念に目を通していただきました。お忙しい中，本当にありがとうございます。最後に，本書を執筆するきっかけを作っていただいた鴇田祐一氏にもお礼申し上げます。鴇田氏の上手なおだてに乗せられて，とても気持ちよく執筆ができました。

2012 年 10 月
西森晃

新版の発行にあたって

　本書の初版が出版されて以来，12年の歳月が経ちました。いくつかの大学で教科書として採用された幸運もあり，細々ではあるものの，毎年一定数の学生がこの本を手に取ってくれているようです。この事態に著者本人が一番驚きながら感謝しています。

　私自身は気恥ずかしさもあるため，自分の出版物の評判をあまり積極的に見に行く方ではないのですが，それでも社会人の方から「経済学を勉強するために，まずこの本で数学を学びました」という声をいただくなど，直接的・間接的に読者の存在を感じることもあります。本書が読者の方の経済学理解の一助となっているのであれば，これほどの幸せはありません。

　ただ，出版から12年も経つと，内容もそれなりに古くなってきます。幸い，数学の基礎部分はほとんど書き直す必要がないのですが，一部データを差し替えたり，内容を書き直したりする必要が生じてきました。そこでこの度，新版を出版することとなりました。

　新しく版を変えるとなると，前々から気になっていた問題に対応したいという気持ちも出てきました。それは線形代数の扱いです。私は本書の初版の「はじめに」で，「行列は必要になったら勉強すれば良い」と書きました。もちろん，これまでの経済学でも線形代数は利用されていましたが，ある程度上級レベルに行かなければ出会うことはなかったので，初心者が必ず身につけなければならないとまでは言えないと考えたからです。

　しかし，この12年の間に（というか，この20～30年の大きな傾向とし

て）経済学のあり方も変わってきました．特に研究面では絶対的にも相対的にも実証研究やデータ分析の重要性が増しており，その傾向は年を経るごとに加速しています．教育面では，大学院はともかく，学部レベルだとまだ理論教育が中心的でしょうが，今後はその傾向も変わっていくと思われます．そして分析手法が変われば使うツールも変わります．大量のデータを扱うことが主流になっていくこれからの時代に，線形代数に全く触れないことのリスクは大きくなっているのではないかと感じるようになりました．

経済学に限らず，現在あちらこちらで話題になっている AI（人工知能）の背後にも線形代数が隠れています．今後皆さんがどんな人生を歩むにせよ，線形代数に出会う可能性は以前よりも高くなっているでしょう．いつかどこかで出会う可能性が高いのなら，今のうちに勉強しておくのも悪くありません．そんな思いを込めて，線形代数の章を新たに付け加えました．必ずしも簡単に理解できるものではありませんが，現在の社会を陰で支えている学問の一端がどんなものなのか，ちょっとだけ覗いてみるつもりで勉強してみて下さい．

新版の執筆にあたっては，日本経済評論社の中村裕太氏にお世話になりました．細かい言葉の使い方や誤字脱字のチェックをしてくださっただけでなく，もっと読みやすくするためのアドバイスをいただいたり，全体の構成について相談させてもらったりもしました．執筆は孤独な作業ですから，「自分以外にこの本を一緒に作ってくれる人がいる」と感じられるのはとてもありがたいことでした．この場を借りてお礼申し上げます．

2024 年 10 月

西森晃

目次

第 I 部　基礎の基礎　　1

第 1 章　まず自分の実力を知ろう　　3

第 2 章　関数とは何か　　7
- 2.1　関数とは　　7
- 2.2　変数　　8
- 2.3　正の相関・負の相関　　9
- 2.4　1 次関数　　12
- 2.5　関数の推計　　13
- 2.6　経済学に出てくる 1 次関数　　15

第 3 章　連立方程式はこうやって解く　　19
- 3.1　方程式と数値の代入　　19
- 3.2　余りと不足　　21
- 3.3　連立方程式の解き方　　22

第 4 章　2 次関数を理解しよう　　25
- 4.1　2 次関数のグラフ　　25
- 4.2　2 次関数の変形　　28
- 4.3　最大値・最小値　　31
- 4.4　経済学への応用　　32

| | 4.5 | 2次方程式の解の公式 . . . . | 35 |

第II部　経済学ですぐ使える数学　　37

第5章　想像以上！ 指数の効果　　39
	5.1	曽呂利新左衛門の望み	39
	5.2	指数関数	40
	5.3	経済学で用いられる指数	43

第6章　対数は便利もの　　47
	6.1	対数とは	47
	6.2	対数法則	49
	6.3	不思議な定数 e	51
	6.4	対数の底	53
	6.5	経済学で使われる対数	54
	6.6	マジカルナンバー 72	59

第7章　「経済効果」は等比数列で　　61
	7.1	「数列の和」は工夫して求める	61
	7.2	等比数列	62
	7.3	経済学に出てくる等比数列	63
	7.4	等比数列の和の公式	66

第III部　経済数学のキモ・微分　　69

第8章　微分の考え方を知ろう　　71
	8.1	微分の勉強はとてもお得	71
	8.2	微分とは	72
	8.3	平均変化率	73

	8.4	微分係数	74
	8.5	導関数	75
	8.6	導関数の求め方	77
	8.7	導関数と微分係数	81

第9章 経済学では微分をこう使う　83
	9.1	右上がり・右下がり	83
	9.2	最大化（極大，極小）	86
	9.3	弾力性	88

第10章 一歩進んだ微分の公式　95
	10.1	より深い理解のために	95
	10.2	関数の積の微分	96
	10.3	合成関数の微分	98
	10.4	分数関数	99
	10.5	指数関数・対数関数の微分	100

第11章 あなたのショッピングを数式で分析　103
	11.1	多変数関数	103
	11.2	分数関数	104
	11.3	偏微分	107
	11.4	全微分	109
	11.5	条件付き最大化問題	111
	11.6	ラグランジュの未定乗数法	115

第IV部　日常生活でも役立つ数学　119

第12章 統計でデータを読む　121
	12.1	統計学という武器	121
	12.2	度数分布表とヒストグラム	124

	12.3	平均値	128
	12.4	その他の代表値	131
	12.5	データの散らばり具合を表す値	134
	12.6	2 変数の相関関係	141

第 13 章	不確実な世界を生き抜くための確率論		147
	13.1	連合艦隊解散の辞	147
	13.2	武器が少なくても戦争に勝てるのか？	148
	13.3	確率の計算	151
	13.4	確率分布	153
	13.5	期待値	157

第 V 部　将来の必須分野！ 線形代数　　163

第 14 章	ベクトルと行列		165
	14.1	21 世紀で最も重要な数式？	165
	14.2	スカラーとベクトル	167
	14.3	行列	171
	14.4	いろいろな行列	172
	14.5	行列の計算	173
	14.6	連立方程式	177
	14.7	産業連関分析	184

今後の学習のために	187
練習問題解答	189

第1部

基礎の基礎

第1章

まず自分の実力を知ろう

　何かを学び始めるとき，自分がすでに何を知っていて何を知らないのかがわかると，これからの学習行程が見通しの良いものになります。どの地点から勉強を始め，どのようなコースをたどって目的地点に向かえば良いのかがあらかじめわかるからです。そこでまず，自分の数学力を知るために例題を解いてみましょう（答えは6ページ）。

チャレンジ1

(1) 次の計算をせよ。

$$\frac{1}{3} + \frac{1}{4} \times 2$$

(2) xy 平面に次の関数を描け。

　(a) $y = -2x + 10$

　(b) $y = x^2 - 2x + 2$

(3) 次の連立方程式を解け。

$$\begin{cases} y = 2x - 5 \\ 3x + 2y = 4 \end{cases}$$

(4) $f(x) = -2x^2 + x - 3$ であるとき，$f(2)$ はいくつか。

チャレンジ 1 は中学校までに習う内容です。懐かしいですね。高校で数学をそれなりに勉強してきた人であれば，このレベルはそれほど苦労なくクリアできると思います。チャレンジ 1 を軽くクリアした人は，第 I 部はざっと眺める程度で結構ですので，第 II 部からしっかり勉強してください。ただ，高校に入ってからほとんど数学に触れていないという人は，この段階でも引っかかるかもしれません。チャレンジ 1 ができなかったり，できてもあまり余裕がないという人は，本書を最初からきちんと読み進めていくと良いでしょう。

チャレンジ 2

(1) 次の計算をせよ
 (a) $a^3 \times a^2 \div a^{-2}$
 (b) $\sqrt{b} \times b^{-\frac{3}{2}}$
 (c) $\log_2 12 + \log_2 18 - 2\log_2 3$

(2) ある国の人口を調べたら毎年 3% ずつ増えていることがわかった。今後もこのペースで増加するものとして以下の問いに答えよ。なお，現在の人口はちょうど 100 万人であるとする。
 (a) n 年後の人口を求めよ。
 (b) この国の人口が 150 万人を超えるのは何年後か。ただし，$\log_{10} 1.03 = 0.013$, $\log_{10} 1.5 = 0.176$ として計算すること。

(3) $\dfrac{1}{3}, \dfrac{1}{9}, \dfrac{1}{27}, \cdots$ と無限に続く等比数列の和を求めよ。

チャレンジ 2 になると，高校で学んでいなかったり，学んだとしてもすでに忘れてしまったという人が多いのではないでしょうか。本書はまさにそのような人たちをメインターゲットにしています。経済学ではどんな数学が必

要かを意識しながら，基本的なスキルを身につけるように読み進めていってください。

チャレンジ 3

(1) 次の式を指定された変数について微分せよ。
   (a) $y = 3x^2 - 5x + 2$ ： x について
   (b) $x = \dfrac{1}{p^2}$ ： p について

(2) $y = x^3 - 2x^2 - 4x + 3$ について次の問に答えよ。
   (a) この関数を xy 平面に描いたとき，$x = -1$ において右上がりになるか，それとも右下がりになるか。
   (b) この関数の極大値と極小値を求めよ。

(3) 箱の中に赤い玉が 5 個，黄色い玉が 3 個，青い玉が 2 個入っており，箱からランダムに玉を 1 つだけ取り出すゲームをする。赤い玉が出たら 10 円，黄色い玉が出たら 50 円，青い玉が出たら 100 円の賞金がもらえるとすると，このゲームから得られる賞金の期待値はいくらか。

もしあなたがチャレンジ 3 までを完璧にできたのであれば，経済学で使う数学の基本的なところは高校時代にすでにマスターしているということになります[1]。あとは高校で学ばなかった範囲（偏微分，条件付き最大化問題など）を本書で簡単に確認した上で，もう少しレベルの高い教科書に移ると良いでしょう。巻末に参考文献を付けておいたのでご利用ください。

---

[1] ただし，学部上級，あるいは大学院で使う数学は遙かに高度になります。高校レベルの数学ではついて行けないところがたくさん出てくるはずなので，もしこのレベルを目指すのであれば，例えばチャン・ウエインライト (2010) や尾山・安田 (2013) などを利用して勉強する必要があります。

チャレンジ 1 の答え

(1) $\dfrac{5}{6}$

(2)

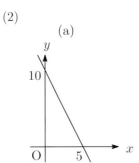
(a)

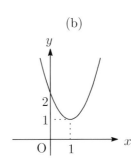
(b)

(3) $(x, y) = (2, -1)$ (4) $f(2) = -9$

チャレンジ 2 の答え

(1)　(a) a^7　(b) $\dfrac{1}{b}$　(c) $\log_2 24$

(2)　(a) 100×1.03^n 万人　(b) 14 年後

(3)　$\dfrac{1}{2}$

チャレンジ 3 の答え

(1)　(a) $y' = 6x - 5$　(b) $x' = -\dfrac{2}{p^3}$

(2)　(a) 右上がり　(b) 極大値：$\dfrac{121}{27}$，極小値：-5

(3)　40 円

第 2 章

関数とは何か

> **考えてみよう！**
>
> 人間の行動を数式で表せるだろうか。例えば，毎年，所得の 8 割を消費し，残りの 2 割を貯蓄するという傾向を持つ人がいるとする。この人の消費行動を数式で表すとしたら，どのようになるだろうか。

2.1 関数とは

あるパン屋さんを想像してください。駅前のパン屋さんでも，大学のパン屋さんでも結構です。とにかく，そのパン屋さんが，パン 1 個あたりの価格と 1 日の販売量（＝需要量）を調べたら次のようなデータがとれたとしましょう。

価格　（円）	100	110	120	130	140
需要量（個）	120	100	80	60	40

表 2.1　価格と需要量の関係

価格が上がるにつれて需要量が減っていくことに気づきます。もうちょっ

と正確に言えば，価格が 10 円上がると需要量が 20 個減ります。このような関係はなんとなくわかりますよね。たぶん，皆さんも普段生活をしている中で「今日は安いからたくさん買おうかな」とか，「ちょっと高いから 1 個だけにしておくよ」という会話をしているのではないかと思います。

上の例では，パンの価格が変化すると，その変化に応じて需要量も変化します。このようにある変数と別の変数に何らかの関係がある場合，その相関関係を表すものを**関数**と言います。例えば，価格と需要量の関係を表すものは需要関数です。所得と消費の関係は消費関数，生産量と利潤の関係は利潤関数で表されます。経済学では，幸か不幸か，このような関数を頻繁に利用します。この他にも，生産関数，貯蓄関数，投資関数などなど，様々なものが出てきます。経済学に慣れていないと，現実問題を数値化・関数化するということに違和感を覚えるかもしれませんが，こうすることによって，いろいろな現象を明瞭に見ることができるようになってきます。

2.2　変数

先ほどの節では**変数**という言葉を説明なしに使いました。ここではその変数の説明から始めましょう。変数とは文字通り変化する数のことで，その対義語として定数という言葉があります。これは定まった数，つまり変化しない数のことですね。

例えば，先ほどのパン屋さんを思い浮かべてみてください。パン屋さんがパンを製造する際にはいろいろな費用が必要になってきます。まず土地と建物を借りなければいけません。それから小麦粉・バターなどの原材料を準備し，パンを焼くための機械を導入する必要があります。そして最後に，パン職人やレジ打ちのバイトなどの人手を雇わなくてはなりません。このとき，原材料費や人件費というのはパンの生産量とともに変化します。つまり，これらの費用は変数であると言えます。それに対して，店舗の建設費や土地代，機械の購入費はパンの生産量にかかわらず一定です。だからこれらは定

数です（店舗を移転したり，新しい機械を購入したりするとまた話は変わりますが，ここではその可能性は考えないことにしましょう）。

　これから扱う経済学には様々な変数が現れてきます。例えば，前節で出てきた価格と需要量，これらはともに変数です。利子率や貯蓄額も変数ですし，電気使用量，バスの乗車回数，株価なども全て変数です。たくさんあります。

　高校までの数学では，ほとんどのケースで変数は 2 つ (x, y) でした。しかし経済学では多くの変数を扱います。だから，それらを表すのに x と y だけでは足りません。そこで，変数を表す記号としていろいろなものが使われます。価格を表す記号は p です。これは price という英語の頭文字をとったものです。それから，消費を表す記号としては C を用いることが多いですし，貯蓄，投資はそれぞれ S, I が使われます（なぜこれらの記号が使われるのでしょうか。わからなければ英語の辞書を引いてみましょう）。

　大学で経済学を学び始めたときに，変数の使い方に慣れずに苦手意識を持ってしまう人が少なからずいます。今まで $y = 2x - 3$ と書かれていたものが，突然 $C = 0.8Y + 100$ と変わってしまうので戸惑ってしまうのでしょう。その気持ちはわからないでもありませんが，式の意味をきちんと確認すれば，本質的に両者は同じであることがわかります。そういう意味では，やはり大事なのは基本ですね。ここをしっかりと押さえるように勉強しておけば，見た目の変化に惑わされることはなくなるでしょう。

2.3　正の相関・負の相関

　もう一度，価格と需要量の関係に戻りましょう。先ほどはあえて価格と需要の関係が明確になるような数値にしましたが，実際にはここまできれいなデータがとれることはありません。一般的には，表 2.2 のようにデコボコした数値がとれるはずです。

価格　（円）	100	110	120	130	140
需要量（個）	124	103	78	61	36

表 2.2　価格と需要量の関係

　しかし，これでも価格が高くなると需要量が減るという傾向は変わりません。このようにそれぞれの変数同士が反対の動きを示すようなとき，2つの変数の間に**負の相関**があると言います。逆に，一方が大きくなるにつれてもう一方も大きくなるとき，**正の相関**があると言います。例えば，一般的には所得が増えるにつれて消費も増えていきます。つまり，所得と消費には正の相関があるといえます。その他，「価格と供給量」，「生産量と費用」，「食事の量と肥満度」，「本の難易度と眠くなりやすさ」などにも正の相関があります。

　相関という概念をもう少ししっかり理解するために，今度はグラフを使って考えましょう。縦軸に価格，横軸に需要量をとって，表 2.1 の価格と需要量の組み合わせをプロット（描画）していくと，図 2.1 が描かれます。

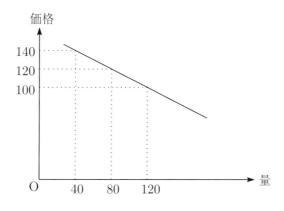

図 2.1　需要曲線

2.3 正の相関・負の相関

これは経済学で**需要曲線**と呼ばれるものです[*1]。**供給曲線**と並んで，経済学の中で最も重要，かつ，最も頻繁に使われる図形ですね。なお，表 2.2 を図にした場合はバラバラとした点の組み合わせになりますが，近似的な直線を引けば図 2.1 と同じような形になります。

いずれにしても，負の相関を持つような関係を図にすると，その曲線は右下がりになります。反対に正の相関を持つような関数の場合，描かれた曲線は右上がりになります。経済学を学ぶ上で，変数同士が正の相関を持っているか負の相関を持っているか（グラフが右上がりか右下がりか）をイメージするのはとても大切なことです。いくつか練習問題を解いてみて，その考え方を修得しておいてください。

練習問題 1

次の 2 つの変数は正の相関・負の相関のどちらの関係にあるか。グラフを描きながら考えよ。なお，他の条件は変わらないものとする。

(1) 走行距離とガソリン代
(2) 使ったお金と財布の中身
(3) クーラーの設定温度と電気代
(4) 生産量と生産費用
(5) 所得と貯蓄額
(6) 利子率と投資額
(7) 消費額と満足度

ところで余談ですが，図 2.1 に違和感を持った人はいるでしょうか。もしあなたがそうならば，なかなか鋭い数学的なセンスを持っていますね。

高校までに習ってきた数学では，x の値に応じて y の値が決まるという関数を主に扱ってきました。このようなときには普通，x を横軸，y を縦軸にとります。ところが経済学では，価格の変化に応じて需要量が決まると

[*1] ここで「曲線」という言葉を使っていますが，数学・経済学では直線のことも曲線の一種と解釈して議論をします。

いう形をとるにもかかわらず,量を横軸,価格を縦軸にとるという慣習があります。一般的な数学の考え方からするとこれは変な慣習なのですが,経済学ではもう100年以上もこのスタイルで分析を続けてきたので,いまさら変更はできません。皆さんも違和感はあるかもしれませんが,このスタイルに慣れるようにしてください。

2.4　1次関数

中学校で $y = ax + b$ という関数を習いました。このような形の関数を**1次関数**と言います。この関数を平面に描くと直線になり,グラフの中で a, b はそれぞれ

a ：傾き（ x が1単位増加すると y がどれぐらい増加するか）

b ：切片（縦軸と交わる点, $x = 0$ の時の y の値）

という意味を持っています。例えば,$y = 2x - 6$ は,傾きが2,切片が -6 の直線で,図2.2のように描かれます。

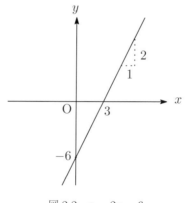

図 2.2　$y = 2x - 6$

同様に,$y = -x + 50$ は傾き -1,切片50の直線です（図2.3）。これらからわかるように,$a > 0$ のときは x が増えるにつれて y も増加します。

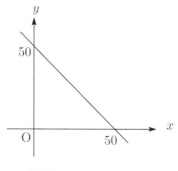

図 2.3　$y = -x + 50$

つまり両者は正の相関を持ち，グラフは右上がりになります．逆に $a < 0$ のときは x と y は負の相関関係になるので，右下がりの直線として描かれることになります．

練習問題 2

次の関数を描け．ただし，左辺にある変数を縦軸にとり，右辺にある変数を横軸にとるものとし，各変数が正の領域だけを対象とする．

(1) $y = 2x + 3$

(2) $y = -\dfrac{1}{3}x + 5$

(3) $p = x + 4$

(4) $p = 100 - 2x$

(5) $C = 20 + 0.8Y$　（消費関数）

(6) $r = 50 - \dfrac{2}{5}I$　（投資関数）

2.5　関数の推計

冒頭の「考えてみよう！」で，人間の行動を数式で表せるかという問いかけをしてみました．このような質問をすると多くの人は戸惑います．「機械

じゃないんだから，そんなこと無理でしょ」と．

確かに，朝起きてから夜寝るまでのありとあらゆる行動を数式化することはできません．ひょっとしたら遠い将来には出来るようになるのかもしれませんが，少なくとも現在の人類の知識とコンピュータの能力では不可能です．

でも，そんな細かい話ではなく，大雑把な「傾向」であればできないことはありません．例えば，所得の8割を消費に回すという人の消費行動は，所得を Y，消費を C とすると次のように表せます．

$$C = 0.8Y \tag{2.1}$$

ちょっと皆さんがここでどんな顔をしたのか，著者の私にはわからないのですが，びっくりするほど簡単ですよね．「え，こんだけ？」とか「そりゃそうだけどさ」とかそういう反応をした人もいるかもしれません．

でもこれだって立派な数式ですよ．その上，とても役に立つ数式です．(2.1) 式はマクロ経済学で必ず習うおなじみの関数です．景気判断や経済効果の予測などに使われることもあります．「これだけ？」と思った人は，むしろ数式に過剰な恐怖心や畏れを持ち過ぎているのではないでしょうか．数式なんて元々この程度のものです．もちろん，もっと複雑になることはありますが，本質的なところは (2.1) 式とそれほど変わるわけではありません．

現代に生きる我々は，実に様々なデータを手に入れることができ，そしてそれを使っていろいろと考えることができます．いろいろなデータを使って，実際には見えない関数を探し求める学問として「計量経済学」があります．需要関数がどのような形をしているかとか，公共投資と経済成長率の関係はどのように表されるかということを推計します．

内容が高度になってしまいますので，ここでは取り扱いませんが，人間の行動を関数化するという作業は，決して突拍子もないわけではないのです．経済学に対しては，よく「人の気持ちを関数で表せるわけがないだろう」という批判が向けられますが，そういうことをしようとしている学問があることは覚えておいてください．

2.6　経済学に出てくる 1 次関数

1 次関数はシンプルで使い勝手が良いため，いろいろなところで顔を出します。複雑な関数の近似式として使われたり，議論のとっかかりを考えるための一種の練習問題として使われたりするなど，用途も様々です。

また，ミクロ経済学では**予算制約式**として 1 次式が使われます。例えば，財布の中に 1200 円が入っていて，これで 1 個 150 円のパンと 1 本 100 円のジュースを組み合わせて購入するという状況を想像してください。パンの購入量を x，ジュースの購入量を y で表し，さらに持っているお金を全部使うとすれば次の関係が成り立ちます。

$$1200 = 150x + 100y$$

左辺は所持金，右辺はパンに対する支払額 ($150x$) とジュースに対する支払額 ($100y$) の和になっています。これは x と y の 1 次式ですね。もう少しわかりやすくするために，この式を次のように書き直します。

$$y = 12 - \frac{3}{2}x$$

この式は，切片 12，傾き $-3/2$ の直線として図 2.4 のように描かれます。

これが予算制約線と呼ばれる直線です。私たちは買いたいものを好きなだけ買うというわけにはいかず，予算の範囲内で取捨選択をしながら買いものをします。その際の「予算の範囲」というのが，この直線（とその内部）で示されています。予算制約線は第 11.5 節でまた出てきますので，そのときのためにここできちんと理解しておいてください。

ところで，パンの価格が 150 円から 100 円に下がったとしたら，予算制約線はどうなるでしょうか。まず，新しい価格の下での予算制約式は

$$1200 = 100x + 100y$$

となります。そして，これを変形すると

$$y = 12 - x$$

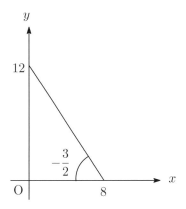

図 2.4 予算制約線

という式が得られます。これは切片 12，傾き -1 の直線ですね。このように，財（商品）の価格が変わると予算制約式も変わり，その結果，図 2.5 のように予算制約線がシフト（移動）ます。

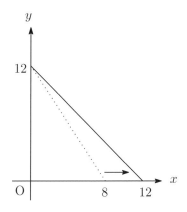

図 2.5 予算制約線のシフト

予算制約線のシフトという概念はミクロ経済学で必要になります。今回は

2.6　経済学に出てくる1次関数　　　　　　　　　　　　　　**17**

パンの価格が下がったケースを扱いましたが，ジュースの価格が変わったり，所得が変わったりすることもあります。それぞれのケースで予算制約線がどのようにシフトするのか，自分で図を描きながらしっかりと理解しておいてください。

第 3 章

連立方程式はこうやって解く

> **考えてみよう！**
> 　ものの価格はどうやって決まるのだろうか。高すぎたり安すぎたりするなど，変な価格がつくことはないのか。仮に変な価格がついてしまったら，それはいつか適正な水準に戻されるのだろうか。戻されるとしたらなぜそんなことが起こるのだろうか。そんなことをいろいろと考えてみよう。

3.1　方程式と数値の代入

　ある財の需要関数が $x = 50 - p/2$ と表されているとしましょう。p は価格で，x が需要量です。p の前にマイナスがついているので，価格が上がると需要量が減るという形になっています。つまり，p と x には負の相関があります。

　第 2.3 節で述べたように，このような関数を描くとき，経済学では縦軸に価格，横軸に量をとるという慣習があります。そこで，上の式をあえて

$$p = 100 - 2x$$

と書き直して，これを需要関数と呼ぶ場合もあります[*1]。

さて，このような状況で仮に価格が60と与えられたとすると，需要量はいくつになるでしょうか。

この答えは $p=60$ を上の方程式に代入することで得られます。

$$60 = 100 - 2x$$

これを解くと

$$x = 20$$

が導出されます。つまり，この場合には20個の需要が存在するということですね。

このような計算をするときに最も注意しなくてはならないのは，代入すべき変数を間違えないことです。ここでは p のところに60という値を代入するのですが，x のところに入れてしまう人が少なからずいます。「何の値が与えられていて，何の値を求めているか」を常に意識するようにしましょう。

練習問題 3

次の関数に関して，求められた変数の値を求めよ。

(1) 需要関数が $p = 100 - 2x$ と与えられているとする。価格が20の時，需要量はいくつになるか。

(2) 供給関数 $p = 20 + x^2$ において，価格が84の時，供給量はいくつになるか。

(3) 投資関数 $I = 15 - \dfrac{r}{2}$（I：投資額，r：利子率（単位%））において，利子率が4%の時，投資額はいくらになるか。

[*1] 正確には逆需要関数と言います。一般的に $y = f(x)$ を x について解いたものを $f(x)$ の逆関数と言い，$x = f^{-1}(y)$ と表します。

3.2 余りと不足

ある市場における需要関数と供給関数がそれぞれ

$$需要関数\ (D): p = 100 - x$$
$$供給関数\ (S): p = x$$

と表されているとしましょう。そして，この財に対して 30 円の価格がつけられているとします。需要量と供給量はそれぞれいくらになるでしょうか。

関数が与えられて，その中の 1 つの変数の値が確定したときには，何はともあれ先ほどのように代入します。$p = 30$ をそれぞれの関数に代入すると

$$需要量：70$$
$$供給量：30$$

が求められます。この時，需要量が供給量を上回っており，売りたい人より買いたい人の数の方が多くなってしまっています。経済学ではこのような状態を**超過需要**と呼びます。

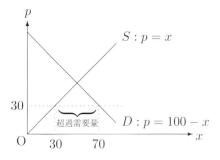

図 3.1 超過需要

超過需要が起きるということは，ものが不足するということです。皆さんも経験があるかもしれませんが，こういうときには一般的に価格が上昇し始

めます。冷夏で野菜が不作になったときに野菜の価格が上昇するとか，中東でトラブルが起きたときに石油価格が上昇するといったニュースを思い出してください。

さてこのとき，価格はどこまで上がるでしょうか。仮に $p = 60$ まで上がったとしましょう。すると，この時には

$$需要量：40$$
$$供給量：60$$

となります。今度は逆に供給が需要を上回り，**超過供給**の状態になります。ちょっと行き過ぎてしまいました。というわけで，今度は少し下げなくてはいけません。こうやってちょっとずつ上げたり下げたりすれば，そのうちちょうど良い価格が見つかります。

3.3 連立方程式の解き方

しかし，そんな細かな操作をしなくても，もっと簡単な方法があります。それは，需要曲線と供給曲線の交点（**均衡点**）を求めることです（図 3.2）。これは，2 つの関数の連立方程式を解くことでが求められます。

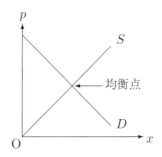

図 3.2 均衡

具体的に見ていきましょう。まず，需要関数と供給関数を連立して表記し

ます。

$$\begin{cases} p = 100 - x \\ p = x \end{cases}$$

そして，これを解くために2本の式を等号で結んで

$$x = 100 - x$$

という方程式を作り，右辺の x を移項すると次のようになります。

$$2x = 100$$

ここから，連立方程式の解

$$\begin{cases} x = 50 \\ p = 50 \end{cases}$$

を得ます。冒頭の質問「どのような価格がつけば良いか」の答えは，「需要関数と供給関数の連立方程式を解いたときの価格」でした。

なお，ここでは1次の連立方程式のみを扱いましたが，2次以上の関数でも同じようにして解くことができます。練習問題を参考に，その解き方を確認しておいてください（2次方程式の解き方がわからなければ，次章を参照のこと）。

練習問題 4

(1) 3つの市場があり，そこにおける需要と供給が次のように与えられている。

　　市場 A：需要関数 $p = 200 - 2x$，供給関数 $p = 2x + 20$
　　市場 B：需要関数 $p = 120 - 3x$，供給関数 $p = x - 20$
　　市場 C：需要関数 $x + 2p = 100$，供給関数 $p - 2x = 20$

市場価格が全て $p = 30$ であるとして，それぞれの市場では超過需要，超過供給のどちらが発生しているか。

(2) 上の 3 つの市場における均衡価格と均衡取引量をそれぞれ求めよ。

(3) 需要関数と供給関数が次のように与えられているとき，均衡価格と均衡取引量を求めよ。

　　　　需要関数： $p = 80 - 2x$
　　　　供給関数： $p = x^2$

第4章

2次関数を理解しよう

> **考えてみよう！**
>
> 企業の目的とは何だろうか。また，企業の目的を数式で表すとすれば，どのような形になるだろうか。

4.1 2次関数のグラフ

1次関数に続いて，今度は **2次関数** を扱います。2次関数の一般的な形は $y = ax^2 + bx + c$ ですが，ここでは最もシンプルな形の $y = x^2$ から確認していくことにしましょう。

x	$\cdots$	-3	-2	-1	0	1	2	3	$\cdots$
y	$\cdots$	9	4	1	0	1	4	9	$\cdots$

表 4.1　$y = x^2$

$y = x^2$ に具体的な x の値を代入していくと，表 4.1 のようになります。x の値が正でも負でも y の値は必ず 0 以上であることを確認してください[*1]。

[*1] x の範囲を虚数まで広げれば x^2 が負になることはあります。しかし経済学で虚数を扱うことはまずないので，そのことは無視しても構いません。

これを利用して関数の動きを描いたものが図 4.1 です。

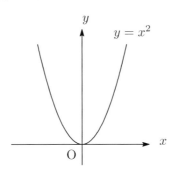

図 4.1　$y = x^2$

ボールを投げたときの軌道がちょうど図 4.1 を逆さまにした形になるので，このような曲線を放物線と言います。

もう少し一般的な形にして，$y = ax^2$ というものを考えてみましょう。

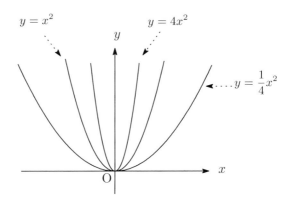

図 4.2　$y = ax^2$

この時の a は曲線の「開き具合」を示しており，a が大きくなると放物線の幅が狭まり，a が小さくなると幅が広がります。

4.1 2次関数のグラフ

また a が負の値を取ると，グラフの向きがひっくり返ります。例えば $y = -x^2$ のグラフ（つまり $a = -1$ の時）は図 4.3 のようになります。

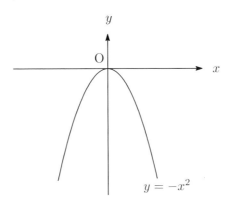

図 4.3　$y = -x^2$

表 4.1 のように，実際に方程式に数値を代入していくと上記のことが確認できます。なぜこうなるかをうまくイメージできない人は，ぜひ一度，自分で鉛筆を動かして数値を代入してみてください。

最後に $y = a(x-s)^2 + t$ という一般化した関数を考えてみます。結論だけ述べると，これは $y = ax^2$ を x 軸方向に s，y 軸方向に t 移動したものになります。ここで，s についている符号はマイナスなのに，t についている符号はプラスであることに注意してください。例えば $y = (x-3)^2 + 1$ という関数は $y = x^2$ を x 軸方向に $+3$，y 軸方向に $+1$ だけ動かしたものになります（図 4.4）。

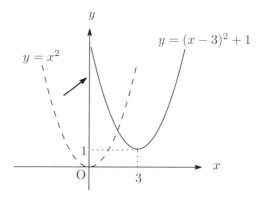

図 4.4　$y = (x-3)^2 + 1$

練習問題 5

次の 2 次関数をグラフに描け。

(1) $y = \dfrac{1}{2}x^2$

(2) $y = -2(x-2)^2$

(3) $y = \dfrac{1}{3}x^2 - 1$

(4) $y = (x-1)^2 + 2$

4.2　2 次関数の変形

前節では，2 次関数をグラフにするとどんな形になるのかを確認しました。$y = a(x-s)^2 + t$ という形の 2 次関数であれば，もう皆さんは図に描くことができます。でも，一般的に 2 次関数は $y = ax^2 + bx + c$ という格好をしています。この場合はどうすれば良いでしょうか。このような形の 2 次関数を直接図に描くことはできませんので，一般的には，平方完成という方法を使って変形する必要があります。

平方完成をする際には，因数分解の最も基本的な公式を使います。ここで

4.2 2次関数の変形

因数分解について詳しく説明するスペースはないので，忘れてしまっている場合には，次の公式だけをとりあえず覚えておいてください。

―― 覚えよう！――

$$(x+\alpha)^2 \quad \xrightarrow[\text{因数分解}]{\text{展開}} \quad x^2 + 2\alpha x + \alpha^2$$
$$(x-\alpha)^2 \quad \qquad \qquad \quad x^2 - 2\alpha x + \alpha^2$$

上の公式はどんな α についても成り立ちます。例えば，$(x+3)^2$ を展開すれば

$$(x+3)^2 = x^2 + 2 \cdot 3x + 3^2$$
$$= x^2 + 6x + 9$$

となりますし，逆に $x^2 + 8x + 16$ を因数分解すれば

$$x^2 + 8x + 16 = x^2 + 2 \cdot 4x + 4^2$$
$$= (x+4)^2$$

となります。

では，本題に戻りましょう。例えば，$y = 2x^2 - 4x + 4$ という2次関数があるとします。この関数を $y = a(x-s)^2 + t$ という形に変形するには，次のような手順をとります。

(1) 2次と1次の項を，それぞれ2次の係数でくくる。

$$y = 2x^2 - 4x + 4$$
$$= 2(x^2 - 2x) + 4$$

(2) $x^2 - 2x + 1 = (x-1)^2$ であることを見越して，カッコの中に 1 を加える。でもこれでは等式が成立しなくなってしまうので，それに対処

するために即座に 1 を引く。

$$y = 2(x^2 - 2x) + 4$$
$$= 2(\underbrace{x^2 - 2x + 1}_{この形を作りたい} - 1) + 4$$

(3) カッコの中の第 4 項目（この場合，-1）をカッコの外に出す。

$$y = 2(x^2 - 2x + 1 - 1) + 4$$
$$= 2(x^2 - 2x + 1) - 2 + 4$$

(4) 因数分解の公式を使って，変形する。

$$y = 2(x^2 - 2x + 1) - 2 + 4$$
$$= 2(x - 1)^2 + 2$$

ここまで来ればもうわかりますね。$y = 2x^2 - 4x + 4$ を変形すると $y = 2(x - 1)^2 + 2$ となり，これは $y = 2x^2$ を x 軸方向に $+1$，y 軸方向に $+2$ 平行移動させたものです。グラフにすると図 4.5 のようになります。

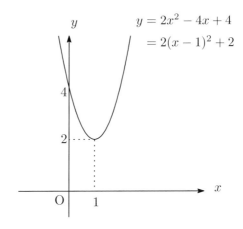

図 4.5　$y = 2x^2 - 4x + 4$

練習問題 6

次の 2 次関数を平方完成せよ。

(1) $y = x^2 - 4x - 2$
(2) $y = -2x^2 + 6x + 3$
(3) $y = -x^2 - 2x + 1$
(4) $y = 3x^2 - 3x + 1$
(5) $y = -3x^2 + 12x + 2$

4.3 最大値・最小値

2 次関数を図にすることによって，関数の最大値，最小値を求めることができます。もう一度，図 4.1 を見てください。ここでは，y が 0 より小さな値をとらないことを確認しました。つまり，$y = x^2$ という関数において，y の最小値は 0 になります。同様に，図 4.5 では，y が 2 より小さくなることはありません。関数 $y = 2x^2 - 4x + 4$ は $x = 1$ の時に最小値 2 をとります。

反対に，2 次の係数が負の値をとるときには最小値でなく，最大値が与えられます。$y = -x^2 + 4x + 1$ という関数を考えてみましょう。これは

$$\begin{aligned} y &= -x^2 + 4x + 1 \\ &= -(x-2)^2 + 5 \end{aligned}$$

と変形されるので，グラフでは図 4.6 のように描かれます。そしてグラフから関数 $y = -x^2 + 4x + 1$ は $x = 2$ の時，最大値 5 をとることがわかります。

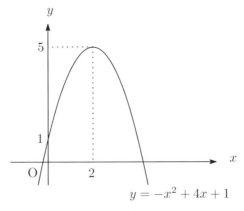

図 4.6　$y = -x^2 + 4x + 1$

練習問題 7

練習問題 6 に出てきた関数の最大値あるいは最小値を求めよ。

4.4　経済学への応用

　経済学では最大・最小という考え方をよく使います。みなさんがある企業の経営者になったと想像してみてください。企業に限らず，どんな団体でもそうですが，人々が集まってある組織を運営する場合，何らかの目的が存在します。野球部やサッカー部といった運動部では，大会で優勝するというのが 1 つの大きな目的になりうるでしょう。あるいはもっと単純に，みんなで競技を楽しむということかもしれません。運動部だけでなく，美術部や英会話サークルも何らかの目的を持っています。そして，これは企業だって例外ではありません。

　さて，もう一度考えてみてください。企業の目的とは何でしょうか。

4.4 経済学への応用

経済学ではそれを「利潤」と考えます。企業はできるだけ大きな利潤を得て，その株主によりたくさんの報酬を還元することを目的としていると考えるのです。そのために，最も効率的な生産を追求します。

ところで，利潤とは何でしょうか。細かい話をするとややこしいところもあるのですが，ここでは単純に次のように考えてください。

$$\text{利潤} = \text{売上} - \text{生産費用}$$

例えば，1 個生産するのに 20 円の原価が必要な品物を 50 個生産したとしましょう。そして，これを 1 個 100 円で販売したとします。このとき，売上は 100 円 × 50 個 = 5000 円になります。一方，生産費用は 20 円 × 50 個 = 1000 円です。よって，利潤は 5000 − 1000 = 4000 円になります。

ここでは価格を一定としましたが，生産量を増やせば増やすほど，その財の希少価値が薄れて価格が下がることがあります[*2]。今，その関係が $p = 160 - x$ であるとしましょう。ただし，p は価格，x は財の生産量を表しています。また，1 個作るのに生産費用が 40 円かかるとしましょう。

このとき，この企業の利潤は次のように表されます。

$$\begin{aligned}\pi &= px - 40x \\ &= (160 - x)x - 40x \\ &= -x^2 + 120x \end{aligned} \quad (4.1)$$

π というのは一般的には円周率を表しますが，経済学では利潤の記号として用いられます。慣れないとちょっと違和感がありますよね。本来であれば利潤を表す英語 (profit) の頭文字である p を使って表記したいところですが，p はすでに価格 (price) で使われています。そこで，苦肉の策としてギリシャ文字の p に相当する π を使います。

話を戻しましょう。もしみなさんが (4.1) 式の利潤関数を持つ企業の経営者だったらいくつの生産をするでしょうか。

[*2] 経済学ではこのようなケースを「企業に価格支配力がある」と言います。独占や寡占のように市場に少数の企業しかないケースが具体例です。

前述のように，経済学では企業の目的を利潤の最大化と想定しています。そこで，利潤が最も大きくなるような生産量を探してみましょう。(4.1) 式を 4.2 節で学んだように変形すると

$$\pi = -x^2 + 120x$$
$$= -(x-60)^2 + 3600$$

となり，次のように描かれます。

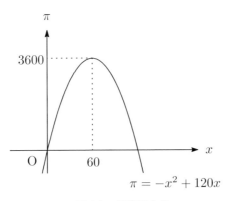

図 4.7　利潤最大化

これで，先ほどの問いの答えがわかります。上のグラフから，$x = 60$ のときに，この企業の利潤が最大値 3600 をとることがわかります。よって，もしみなさんがこのような企業を経営しているのならば，60 個の生産をすることが最も望ましいということになります[*3]。

[*3] 基本的に生産量や価格は負の値をとらないので，x と p には $x \geqq 0$, $p = 160 - x \geqq 0$ という制約がつきます。ここから x のとりうる範囲は $0 \leqq x \leqq 160$ となります。関数の形をわかりやすくするために図 4.7 ではあえて $x < 0$ の部分も描きましたが，ここは本来扱わなくても良い領域です。

4.5 2次方程式の解の公式

> **練習問題 8**
> (1) 価格と販売量の間に $p = 200 - 2x$ という関係があるとする。この財の生産には1個あたり40円の費用がかかるとすると，利潤を最大にするためには何個の生産をすればよいだろうか。
> (2) ある財の価格はその販売量にかかわらず一定で70円であるとする。一方，その財を x 個生産すると
> $$C(x) = \frac{1}{2}x^2 + 10x + 200$$
> の費用がかかるとして，生産者が利潤を最大にするためには何個の生産を行えば良いか。

4.5　2次方程式の解の公式

最後に2次方程式の解の公式を復習しておきましょう。実は，経済学の中でこの公式を使うことはあまりありません。なので，それほど重要度が高いわけではないのですが，もちろん皆無ではありませんし，一般常識として知っておくべきことではあるので，確認の意味も込めて紹介しておきます。

$$ax^2 + bx + c = 0$$

という方程式の解は次のように得られます。

$$x = \frac{-b \pm \sqrt{b^2 - 4ac}}{2a}$$

例えば，$2x^2 + 3x - 4 = 0$ という方程式ならば，

$$x = \frac{-3 \pm \sqrt{3^2 - 4 \cdot 2 \cdot (-4)}}{2 \cdot 2}$$
$$= \frac{-3 \pm \sqrt{41}}{4}$$

となるわけです。

　ところで，根号 ($\sqrt{}$) の中身が負になると方程式の解が虚数になってしまいます。よって，2 次方程式が実数解を持つためには $b^2 - 4ac \geqq 0$ でなければなりません。その意味で，$b^2 - 4ac$ は判別式と呼ばれます。例えば，$x^2 - x + 3 = 0$ という 2 次方程式があるとしましょう。この場合，

$$b^2 - 4ac = (-1)^2 - 4 \cdot 1 \cdot 3 = -11$$

と判別式が負になってしまいます。よって，この 2 次方程式は実数解を持ちません。

練習問題 9

次の 2 次方程式の解を求めよ。

(1) $x^2 - 2x - 1 = 0$

(2) $\dfrac{1}{2}x^2 + 3x + 3 = 0$

(3) $x^2 - \dfrac{1}{3}x - 1 = 0$

練習問題 10

判別式を使って，次の 2 次方程式が実数解を持つかどうかを判断せよ。

(1) $2x^2 - 2x + 1 = 0$

(2) $\dfrac{1}{2}x^2 + 2x + 3 = 0$

(3) $-x^2 + 2x - 1 = 0$

第 II 部

経済学ですぐ使える数学

第5章

想像以上！指数の効果

> **考えてみよう！**
>
> 新聞紙を 26 回折ると，その厚みは富士山の高さを超えるらしい。本当だろうか。どうやって確かめたらよいだろうか。なお，新聞紙 1 枚の厚さは約 0.1mm である。

5.1 曽呂利新左衛門の望み

　豊臣秀吉の全盛の頃，曽呂利新左衛門という御伽衆がいました。あるとき，秀吉が新左衛門の機知に感心し，褒美を取らせようと思ったことがあったそうです。そこで何が望みかと尋ねたところ，新左衛門は待ってましたとばかりに将棋盤を取り出し，こう答えたとか。

　「米粒を所望します。今日は 1 粒，明日は 2 粒で結構です。ただ，この将棋盤の最初のマス目から最後のマス目まで，毎日，前日の 2 倍の米粒をおいていただきたく存じます」

　さぞかし壮大な要望がくるものだと思っていた秀吉は，新左衛門の言葉を聞いてなんと謙虚なやつなんだと感心したということですが…。

　これが実話かどうかはわかりませんが，指数関数的増大の驚異を示すのに

大変よくできた面白い話ですね。そのためか，洋の東西を問わず似たような話がいくつかあるそうです。

　上の例のように，ある定数を何回か掛け算していったものを**指数**と呼びます。例えば 2 を 3 回掛けたものは

$$2^3 = 2 \times 2 \times 2$$

と表記されます。将棋盤は縦 9 マス，横 9 マスなので，初日に $1 (= 2^0)$ 粒，2 日目に $2 (= 2^1)$ 粒，3 日目に $4 (= 2^2)$ 粒…とおいていくと最終日，すなわち 81 日目には 2^{80} 粒をおかなくてはいけません。これがどれぐらいの数字かというと，実は $2^{80} \fallingdotseq 1$ 予2089垓2581京9614 兆 粒で，重さにすると約 2.4 京トン (!) に相当します。ちなみに，日本で 1 年間にとれるお米の量は 700 万トン，世界全体でも 5 億トンでしかないとのことです。新左衛門の要求は全然「謙虚」じゃないですね。秀吉もさぞかし驚いたことでしょう。

　ちなみに冒頭の問題も同じように考えられます。新聞紙を 1 回折ると新聞紙の厚みは 2 倍になり，2 回折ると $4 (= 2^2)$ 倍になり，3 回折ると $8 (= 2^3)$ 倍になります。ここから，26 回折るとその厚さは $2^{26} \times 0.1\mathrm{mm}$ になることがわかります。これを計算すると約 6711m で，富士山の高さ 3776m を遙かに上回ります。もっとも，26 回折ったあとの新聞紙の面積は 1/67108864 になってしまうので，実際に確かめようとするととてつもなく大きな新聞紙が必要になるのですが…。

5.2　指数関数

　定数 $a\,(> 0)$ を x 回掛けたもの，すなわち $y = a^x$ を**指数関数**と言います。指数関数がどのような形をしているかは，a の値によります。$a > 1$ であれば右上がりになり，$a < 1$ であれば右下がりになります（図 5.1）。「指数関数的」という言葉があるように，急激に上昇したり，急激に低下したりするのが特徴です。

　指数について理解しておくべき法則がいくつかあるので，ここで示してお

5.2 指数関数

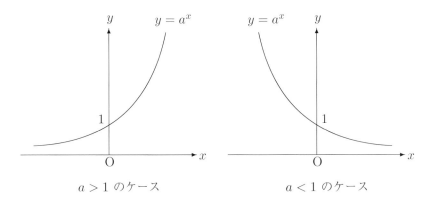

図 5.1 指数関数

きましょう。まず，$a^x \times a^y = a^{x+y}$ です。これは例えば
$$2^2 \times 2^3 = (2 \times 2) \times (2 \times 2 \times 2)$$
$$= 2^5$$
と考えれば確認できるでしょう。そして，このことを応用すれば $a^x \div a^y = a^{x-y}$ となることも理解できるはずです。

次に $(a^x)^y = a^{xy}$ です。これも具体的に次のように確認できます。
$$(2^2)^3 = (2^2) \times (2^2) \times (2^2)$$
$$= (2 \times 2) \times (2 \times 2) \times (2 \times 2)$$
$$= 2^6$$

a を 1 度も掛けない状態，すなわち a^0 の値は 1 です。これは定義なのでそういうものだと思いましょう。そして，ここから
$$a^0 = a^{x-x} = a^x \times a^{-x} = 1$$
を通じて
$$a^{-x} = \frac{1}{a^x}$$

を得ます。例えば $2^{-1} = 1/2$ ということです。

最後に，$a^{\frac{1}{m}} = \sqrt[m]{a}$ です。$\sqrt[m]{a}$ は m 乗したときに a になる（正の）数，すなわち

$$\left(\sqrt[m]{a}\right)^m = a$$

を満たす数を表しています。ところで，$\left(a^x\right)^y = a^{xy}$ を利用すると

$$\left(a^{\frac{1}{m}}\right)^m = a$$

が成立することがわかります。この 2 本を等号で結べば，

$$a^{\frac{1}{m}} = \sqrt[m]{a}$$

となります。特に $m = 2$ のときの，

$$a^{\frac{1}{2}} = \sqrt{a}$$

という関係は経済学ではもちろん，経済学以外でもよく用いられるので覚えておく必要があります（$m = 2$ のときには $\sqrt[2]{}$ を省略して $\sqrt{}$ と書きます）。

―――――――― 覚えよう！ ――――――――

$$a^x \times a^y = a^{x+y}$$

$$(a^x)^y = a^{xy}$$

$$a^{-x} = \frac{1}{a^x}$$

$$a^{\frac{1}{m}} = \sqrt[m]{a}$$

練習問題 11

次の式を簡単な形で表記し直せ。

(1) $3^2 \times 3^4$

(2) $5^3 \div 5^2$

(3) $(a^2)^3 \times a^{-3}$

(4) $\dfrac{b^x}{b^y}$

(5) $\sqrt[3]{3} \times 3^{\frac{4}{3}}$

(6) $5^{-\frac{1}{2}} \div \sqrt{5} \times 125$

(7) $\sqrt[3]{a^2} \div a^{\frac{1}{2}} \times \sqrt[6]{a}$

(8) $\dfrac{\sqrt[3]{a}}{\sqrt[4]{a}}$

5.3 経済学で用いられる指数

経済学で指数を使う代表的なケースとしては，利子の計算が挙げられます。100万円を5%の利率で銀行に預けたとき，税金を無視すれば，1年後には $0.05 \times 100 = 5$ 万円の利子が付きます。元本と合わせれば，銀行に預けた100万円は，1年後に

$$100 \times 1.05 = 105 \text{ 万円}$$

になります。今は低金利時代で預金に5%の利子が付くことはまず考えられませんが，低金利でも高金利でも，計算の仕方は同じです。

さらに続けてお金を預け続けるとしましょう。2年後の残高は，1年後の残高にさらに1.05を掛けたものですから，

$$(100 \times 1.05) \times 1.05 = 100 \times 1.05^2$$

となります[*1]。同様に考えれば，その後の預金残高も次のように計算されます。

[*1] このように，元本と利子の合計に対して利子がつくような計算方法を複利計算と言います。一方，最初の元本だけに利子が付くような単利計算と呼ばれる計算方法もあります。例えば，株の配当を再投資せずに消費に回す場合には，毎年の配当は単利になります。

$$3\text{ 年後の残高：} 100 \times 1.05^3 \text{ 万円}$$
$$4\text{ 年後の残高：} 100 \times 1.05^4 \text{ 万円}$$
$$...$$
$$x\text{ 年後の残高：} 100 \times 1.05^x \text{ 万円}$$

最後の項を見ればわかるように，預金残高が年数 (x) の指数関数になっています。新左衛門のときと同じように，指数的増大の威力は年を経るごとに大きくなって，最初の 100 万円は 10 年後には 163 万円，20 年後には 265 万円，30 年後には 432 万円まで増えます。

また，経済成長を考えるときにも指数が出てきます。例えば，ある国の GDP（国内総生産）が今年より 3% 成長すると，来年の GDP は次のように表されます。

$$\text{来年の GDP} = \text{今年の GDP} \times 1.03$$

そして，同水準の経済成長を 10 年間続けたとしたら，

$$10\text{ 年後の GDP} = \text{今年の GDP} \times 1.03^{10}$$

となります。

経済成長が指数関数的な増大をするという面白い例を 2 つ見てみましょう。1 つは高度成長期の日本です。1960 年の日本の名目 GDP は約 16 兆円でしかありませんでしたが，そこから 20 年後の 1980 年には，約 240 兆円にまで膨れあがります。実に 15 倍になったのです。この間の平均（名目）経済成長率は 14.5%（$1.145^{20} \fallingdotseq 15$）でした。この水準の成長が 20 年続くと，ここまで経済規模が大きくなるのですね。

もう 1 つは 1990 年から 2010 年までの中国です。この期間の日本の成長率を平均すると，名目でほぼゼロ，実質でも 1% 弱でした。つまり，ほとんど成長していません。一方，中国は同じ期間に名目で 15% 強，実質で 10% 程度の経済成長を実現しました。1990 年の段階では中国の名目 GDP は日本の 8 分の 1 でしかなかったのに，ほんの 20 年程度でその差を一気に縮め，

2010 年には日本に追いつき，追い越しました。そしてその後は差が開く一方です。

> **練習問題 12**
> (1) お年玉を 10 万円もらったので，銀行に 2% の金利で預金した。税金等を無視すれば 10 年後の残高はいくらになっているか。指数を使って表せ。
> (2) A 国の経済成長率が 1%，B 国の経済成長率が 10% であるとする。現在の両国の GDP は同じであり，両国ともに今後も同水準の成長が見込まれるものとすると，5 年後には B 国の GDP は A 国の GDP の何倍になるか。また 10 年後はどうだろうか。

第 6 章

対数は便利もの

考えてみよう！

次の 3 つの数字クイズに答えられるだろうか。

(1) 2 と 3 を 1 回ずつ使って 6 を作れ。
(2) 2 と 3 を 1 回ずつ使って 9 を作れ。
(3) 3 と 9 を 1 回ずつ使って 2 を作れ。

6.1 対数とは

冒頭のクイズ，皆さんは答えられたでしょうか。(1) はさすがに大学生に出す問題ではないですね，すみません。答えは $2 \times 3 = 6$ です。では，(2) はどうでしょう。

答えは $3^2 = 9$ です。ちょっとひねりが入りましたが，できたでしょうか。パッと自力で思いついた人もいるでしょうし，前章がヒントになった人もいるかもしれません。これぐらいなら余裕だよという人は，最後の問題はどうでしょう。

さて，これは難しいですね。なんだかわかりそうでわからない問題です。$9 \div 3 \cdots$ ではないですね。$9^{\frac{1}{3}}$ も違います。$(9 - 3) \div 3 = 2$ ですが，3 を 2

回使うのは反則です。

実は $\log_3 9 = 2$ というのが答えです。えー！と言わないでくださいね。世の中には，四則演算以外の計算方法というものがあるのです。指数もそうですし，ここで説明する対数もその一例です。

a を y 乗すると x になるという関係が与えられているとします。すなわち，$a^y = x$ ということですが，これを逆から考えて，「a を何乗すれば x になるか」を求めるとき，その作業のことを**対数**をとると言い，

$$y = \log_a x$$

と書きます。ここまで見てきてわかるように対数は指数と対をなす概念です。

覚えよう！

a を y 乗すると x になる

↓

$x = a^y$ 　あるいは　 $y = \log_a x$

$\log_a x$ の a の部分を底，x の部分を**真数**と言います。これらはどんな数字でも良いということではなくて，実数の範囲で考える限り，底は $a > 0$ かつ $a \neq 1$，真数は $x > 0$ でなければなりません。

このことを理解するために，例えば $x = \log_{-2} 8$ を考えましょう。これは -2 を x 乗すると 8 になるという意味ですが，実は -2 を何乗しても決して 8 にはたどり着きません（-2 の 3 乗は -8 ですからちょっと違います）。つまり，これを満たす実数 x は存在しないのです。

次に $y = \log_3(-9)$ を考えましょう。これは 3 を y 乗したら -9 になるという意味ですが，やはりこれを満たす実数 y も存在しません。このように底や真数になる数字には条件があります。対数を使う機会があれば，このことは意識しておいてください。

6.2 対数法則

指数と同様，対数にも覚えておくべき重要な法則があります．まず，a を何乗すれば a になるかというと，その答えは 1 ですから，次の式が成り立ちます．
$$\log_a a = 1$$

次に a を何乗すると 1 になるかというと，その答えは 0 ですから（$a^0 = 1$ を思い出してください），
$$\log_a 1 = 0$$
となります．

それから，重要なのは次の式です．
$$\log_a x + \log_a y = \log_a xy$$

これはもう，とにかく覚えてしまってください．理由は後から理解すれば良いと思います．でも，どうしても今すぐに理由まで知りたいという人は，以下の証明を参考にしてください．

まず，$x = a^m$, $y = a^n$ とおいて，両辺の対数をとると
$$\log_a x = \log_a a^m = m$$
$$\log_a y = \log_a a^n = n$$

が成立します（a を何乗すると a^m になるかというと，その答えは m ですね）．そして，この 2 本の式を足せば，
$$\log_a x + \log_a y = m + n \tag{6.1}$$

となります．一方で $\log_a xy$ を求めると
$$\log_a xy = \log_a(a^m \times a^n) = \log_a a^{m+n} = m + n \tag{6.2}$$

となり，(6.1) 式と (6.2) 式を結んで証明終了です．
$$\log_a x + \log_a y = m + n = \log_a xy$$

同じように考えて
$$\log_a x - \log_a y = \log_a \frac{x}{y}$$
も成立します．

また，$\log_a xy = \log_a x + \log_a y$ において $x = y$ とすると
$$\log_a x^2 = 2\log_a x$$
が成り立ちます．これを一般化して，
$$\log_a x^n = n\log_a x$$
もよく使われます．これも，きっちりと覚えてしまいましょう．

覚えよう！

$$\log_a a = 1$$
$$\log_a 1 = 0$$
$$\log_a x + \log_a y = \log_a xy$$
$$\log_a x - \log_a y = \log_a \frac{x}{y}$$
$$\log_a x^n = n\log_a x$$

以上の関係を利用して具体的に計算すると，例えば次のような式が成立することがわかります．皆さんも自分の手を使って計算してみてください．

- $\log_2 25 = \log_2 5^2 = 2\log_2 5$
- $\log_5 2 + \log_5 6 = \log_5 12$
- $\log_3 35 - \log_3 7 = \log_3 \dfrac{35}{7} = \log_3 5$

6.3　不思議な定数 e

練習問題 13

次の式を簡単な形で表記し直せ。

(1) $\log_2 3 + \log_2 5$
(2) $\log_3 2 + \log_3 6 + \log_3 \dfrac{1}{4}$
(3) $\log_3 27$
(4) $\log_a 4 \times \log_a 3 \times \log_a 2 \times \log_a 1$

6.3　不思議な定数 e

1万円を入れておくと1年後には2万円になっているという魔法の貯金箱があるとします。すごいですね，こんな貯金箱があったら良いですね[*1]。

1年間我慢するとお金が2倍になるのですが，ちょっとしたいたずらをしてみます。1年間待たずに，半年（= 1/2 年）で中身を取り出したとしましょう。すると，1万5千円になっていました。どうやら，半年だと1.5倍になるみたいです。

ここで，その1万5千円をもう一度貯金箱に入れます。そして半年待ちます。すると，1.5万円が1.5倍になるので，最終的に貯金箱の中身は

$$1.5 \times 1.5 = \left(1 + \frac{1}{2}\right)^2 = 2.25 \text{ 万円}$$

になります。なんと，入れておく期間は同じにもかかわらず，途中で一回取り出すだけでお金の増え方が変わってしまいました。

これは良いですね。期間を短くすればお金の増え具合が大きくなるのであれば，どんどん短くしていきましょう。3ヶ月（= 1/4 年）ごとに取り出し

[*1] 実は銀行預金はここで言う魔法の貯金箱に似ています。入れておくだけで勝手に利子が付いて残高が増えていきます。1年間で2倍になるほど利子率の高い預金はいまの日本にはありませんが。

て入れ直すと，最初の 3 ヶ月で 1.25 倍，次の 3 ヶ月でさらに 1.25 倍，というのが 4 回繰り返されるので，

$$1.25 \times 1.25 \times 1.25 \times 1.25 = \left(1 + \frac{1}{4}\right)^4 \fallingdotseq 2.441 \text{ 万円}$$

となります。同じように考えれば，1 ヶ月ごとに取り出す場合は，

$$\left(1 + \frac{1}{12}\right)^{12} \fallingdotseq 2.613 \text{ 万円}$$

となるし，1 日ごとに取り出す場合は，

$$\left(1 + \frac{1}{365}\right)^{365} \fallingdotseq 2.715 \text{ 万円}$$

となります。どんどん増えますね。どこまで増えていくのでしょうか。

1 時間ごと，1 分ごと，1 秒ごと…，とさらに期間を短くしていきましょう。コンピュータで計算していくとわかりますが，もうこれ以上短くできないというところまで行き着くと，最終的には次の値になります。

$$e = \lim_{n \to \infty} \left(1 + \frac{1}{n}\right)^n = 2.71828\cdots \tag{6.3}$$

さあ，変なものが出てきました。何だか妙な数値ですね。決してきれいではないし，なじみやすいということもなさそうです。でも，この e は数学の世界において円周率の π と比較されるほど重要な数学定数です。

e はネイピア数とかオイラー数と呼ばれます。史上最も多産な数学者と言われるオイラー (Euler) の頭文字をとって e という記号が割り当てられたと言われています。とても面白い特徴を持っていて，(6.3) 式以外にも次のように定義されたり，

$$e = 2 + \cfrac{1}{1 + \cfrac{1}{2 + \cfrac{2}{3 + \cfrac{3}{4 + \cfrac{4}{5 + \cdots}}}}}$$

あるいは次のような式が成り立つことも知られています。

$$e^x = \frac{x}{1!} + \frac{x^2}{2!} + \frac{x^3}{3!} + \cdots + \frac{x^n}{n!} + \cdots$$

e を表現する魅力的な式は他にもいろいろとありますので，興味がある人には『π と e の話——数の不思議』をお勧めします．圧倒されますよ[*2]。

そして e に関係する式で最も有名なのが，次の式ですね。

$$e^{i\pi} + 1 = 0$$

これはオイラーの等式と呼ばれます。何の関係もない 3 つの数字（ネイピア数 e，円周率 π，虚数 i）を組み合わせるとビックリするほどシンプルな式が成り立つということで，「最も美しい数式」とか「オイラーの宝石」と呼ばれます。『博士の愛した数式』という本の中でこの数式がとても魅力的な表現で説明されていたので，興味を持った人はぜひご覧ください[*3]。

6.4　対数の底

さて，話を対数に戻して，対数の底について考えましょう。底には $a > 0$ かつ $a \neq 1$ という条件を満たせばどんな値でも入れることができますが，一般的には 10 と，そして前節で説明した e がよく用いられます。底に 10 を用いたもの（例えば，$\log_{10} 2$）を**常用対数**，e を底に用いたもの（例えば $\log_e 3$）を**自然対数**と呼びます。

10 はわかるにしても，$e (= 2.71828\cdots)$ のような中途半端なものを何で使うんだろうと不思議に思う人がいるかもしれません。それはその通りで，e を底に使うことの意義は，対数関数を微分するまではわからないと思います。なので，現段階ではその意味や意義はわからなくても結構です。とりあえず e という変な定数を底にする対数が存在するということだけ覚えておいてください。

[*2] Y.E.O. エイドリアン著，久保儀明 訳，『π と e の話——数の不思議』，青土社，2008 年
[*3] 小川洋子著『博士の愛した数式』新潮社，2003 年

常用対数や自然対数の場合，あえて 10 や e を省略して $\log x$ のように書くことがあります。底が 10 のときも e のときも省略されてしまうので，いったいどっちなのか悩んだりするのですが，その辺は前後の文脈で理解していきます。また，混乱を防ぐために，$\log_e x$ を $\ln x$ と書いて区別することもあります[*4]。

6.5　経済学で使われる対数

対数というのは一般の人にはなじみが薄いのですが（表記方法からして一般の人を近づけないオーラがありますよね），工学部や理学部など，数式を使っていろいろ計算をしなければならないところではとても重宝されます。それは経済学部でも変わりません。以下では，経済学部でどのように対数を使うかを具体的に見ていきましょう。

6.5.1　指数方程式・不等式

経済学では，指数の入った方程式や不等式を解くことがあります。このようなときには対数の知識が必要です。例えば，次のような問題を考えてみましょう。

> 銀行に年利 3% で 10 万円を預金をした。この後，入出金をすることなく，また税金等を無視できるとすれば，預金残高が 12 万円を超えるのは何年後か

x 年後に預金残高が 12 万円を超えるとすれば，次の不等式が成り立ちます。
$$10 \times 1.03^x > 12$$

[*4] 自然対数をラテン語で書くと logarithmus naturalis，英語で書くと natural logarithm です。この頭文字の l と n をとって，ln と表記するそうです。

あるいは，これを変形して
$$1.03^x > 1.2$$

となりますが，これは指数関数が含まれる不等式なので，普通にやっても解けません。そこで，左辺と右辺を同時に対数をとるという作業をします。

$$\log_{10} 1.03^x > \log_{10} 1.2$$

$\log a^x = x \log a$ という性質を利用すれば，上の式は次のように変形されます。

$$x \log_{10} 1.03 > \log_{10} 1.2$$

指数の不等式が単なる 1 次の不等式になりました。これなら解くことができますね。コンピュータの表計算ソフトや関数電卓を使えば，$\log_{10} 1.03 = 0.0128$，$\log_{10} 1.2 = 0.0792$ であることがわかるので，これらを利用して上の式を解くと

$$x > \frac{\log_{10} 1.2}{\log_{10} 1.03} = \frac{0.0792}{0.0128} \fallingdotseq 6.19$$

となります。よって，答えは 7 年後です。

練習問題 14

A，B という 2 つの国があり，それぞれの GDP は A 国：100，B 国：300 であるとする。また現在，それぞれの国の毎年の経済成長率は A 国：10％，B 国：2％ であり，この数値は今後も変わらないものとしよう。

さて，A 国の GDP が B 国の GDP を追い抜くのは何年後だろうか。$\log_{10} 1.1 = 0.0414$，$\log_{10} 1.02 = 0.0086$，$\log_{10} 3 = 0.4771$ として計算せよ。

6.5.2　対数グラフ

　対数を使う2つ目のケースは，対数グラフです。これは非常に大きな値と小さな値を同時に扱うようなときに有用です。

　例えば，「1人当たりGDP」と「平均寿命」の関係を調べたとしましょう。所得が高い方が寿命が長いのか，それとも経済活動にあくせくせず，のんびりと生きる方が寿命が長いのかという疑問を抱きながら，しかるべきデータベースにアクセスして，それぞれの情報を入手します。そして，表計算ソフトを使って両者の関係を図にすると，図6.1が描かれます。

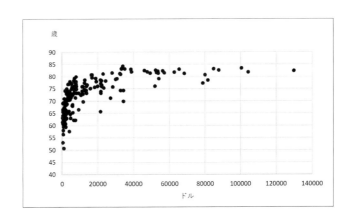

図 6.1　1人当たり GDP と平均寿命

出所：WHO, "World health statistics 2023"
　　　IMF, World Economic Outlook Databases; April 2024

　さて，これからどんな情報を読み取れるでしょうか。結構苦労して作った割には，両者に関係があるのかないのかいまいちよくわからないですね。率直に言って，これではあまり役に立ちません。実は，小さな値と大きな値を同時に扱うようなときは，小さな値の部分がギュッと前に寄せられてしまっ

6.5 経済学で使われる対数

て，普通に図を描いても視覚的にはわかりづらくなってしまうのです[*5]。

そこで，このようなときに，対数を使います。例えば $a = 100\ (= 10^2)$ と $b = 100{,}000\ (= 10^5)$ という 2 つの数字を考えましょう。両者には実に千倍の開きがあるので，これを軸にとってグラフにするのは大変です。でも対数をとると

$$\log_{10} a\ (= \log_{10} 10^2) = 2$$
$$\log_{10} b\ (= \log_{10} 10^5) = 5$$

となって，見た目の幅が小さくなります。このぐらいの違いならグラフに描くこともできるでしょう。この性質を利用して，図 6.1 のデータを，横軸だけ対数をとって描きなおしたものが図 6.2 です（横軸の単位の取り方に注目！）。

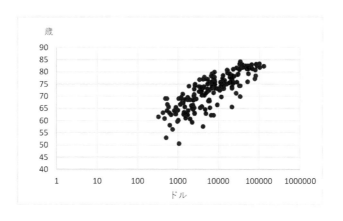

図 6.2　1 人当たり GDP と平均寿命（対数グラフ）

なかなか見やすくなりましたね。これなら，1 人当たり GDP と平均寿命

[*5] アフリカやアジアの最貧国では 1 人当たり名目 GDP が 500 ドル程度であるのに対し，ルクセンブルクのそれは約 10 万ドル以上です。つまり，最も低い国と最も高い国には数百倍の差があるのです。

の右上がりの関係がクリアに見て取れます．このように，広い範囲のデータを扱うときには対数グラフを使うと便利です．これから皆さんが経済学を学んでいく中で，対数グラフが出てくることもあるかと思うので，その際にはどんなものだったか思い出せるようにはしておいてください．

なお，時々「経済より命が大切だ」とか「人命を守るために経済活動が犠牲になるのはやむを得ない」という主張をする人がいます．でも，図 6.2 から見て取れるのは，所得の低い国の平均寿命は短く，所得の高い国の平均寿命は長いという事実です．もちろん，これだけで安易な結論を出すわけにはいきませんが，少なくとも「経済か命か」という単純な二元論で議論をすべき問題ではないみたいですね．

6.5.3 経済成長

「ある国が経済的に発展し，別の国は発展できないのはなぜか」とか，「日本がこれからよりいっそうの経済成長をするには何が必要か」ということを考えるのが経済成長論という分野です．対数はこの経済成長論において非常に頻繁に使われます．

第 5.3 節で見たように，経済は指数関数的に成長します．指数を含む方程式や不等式は，技術的にも感覚的にも取り扱いづらいので，指数と表裏の関係にある対数を使って指数を中和するという作業が必要になります（第 6.5.1 を参照）．こうすることで経済成長論で使われる方程式が扱いやすくなります．

また，$y = \log_e x$ を x について微分したときの

$$\frac{dy}{dx} = \frac{1}{x}$$

という公式は，経済成長論を学ぶときの必需品です．だから対数関数の微分ができなければ，事実上，経済成長論を理解することができません．

ただし，成長論自体がやや難解ですし，その中でこの式をどのように使うのかを説明するのは本書の範囲を超えてしまいます．よって，ここではその

説明を省略させてもらいます。将来マクロ経済学の応用理論を学ぶ機会があったときにまた思い出してみてください。

6.6　マジカルナンバー72

最後にちょっとした余談として、次の問題を考えてみましょう。

> ある国の経済成長率が 6% であるとき、これが何年続くと GDP が 2 倍になるだろうか

正確に答えを出そうと思うのであれば、これまで見てきたように対数を使って指数方程式を解くという作業が必要になります。しかし、そんな面倒なことをせずとも、概算で良ければパッと答えを出すことができます。

ある国の経済成長率が g% のとき、その GDP が 2 倍になるまでに必要な期間は

$$72 \div g \text{ 年}$$

と計算されます。実にシンプルで良いですね。この方法によれば、経済成長率が 2% のときに GDP が 2 倍になるにはおよそ 36 年が必要であるということになります。経済成長率が 3% のときには 24 年、そして、6% なら 12 年が必要です。

これが妥当なのかどうかを、実際に指数関数を解いて答えを出してみましょう。$(1+g)^x > 2$ という指数不等式を設定し、$g = 0.01$, $g = 0.02$, … と順番に代入して解きます。その結果が表 6.1 にまとめられています。

成長率 (g)	1%	2%	3%	4%	5%	6%	7%	10%
72 ÷ 成長率	72	36	24	18	14.4	12	10.3	7.2
正しい年数 (x)	69.7	35.0	24.0	17.7	14.2	11.9	10.2	7.3

表 6.1　GDP が 2 倍になるのに何年かかるか？

概算値とはいえ，かなり近い値が得られます。もちろん，正式な議論では使えない方法ですが，大雑把に理解したいときには覚えておくと便利です。「中国の今年の成長率が8%ってことは，このまま行くと9年後にGDPが2倍になるね」とかさらっと言えると格好いいですね。この法則は経済成長だけでなく，資産運用を考えるときにも使えます。

　ちなみに，このように簡単に計算できるのは偶然でも何でもなく，きちんとした数学的根拠があります。ただ，証明するにはいくつかのハードルがあるのでここでは省略します。興味があれば「72の法則」をキーワードに調べてみてください。

第7章

「経済効果」は等比数列で

考えてみよう！

昔々，ドイツにガウスという少年がいた。ガウス少年はいつも算数の問題をあっという間に解いてしまうので，小学校の先生が時間稼ぎに次のような問題を出した。

「1から100までの数字を足しなさい」

ところがガウス少年はこの問題もあっという間に解いてしまった。ガウス少年はいったいどんな方法を使ったのだろうか。

7.1 「数列の和」は工夫して求める

冒頭のエピソードはとても有名なので，どこかで聞いたことがあるかと思います。ガウスは単純に1から100までを足すのではなく，1から100までを前から並べたものと，後ろから並べたものを上下に足したそうです。

$$x = 1 + 2 + 3 + \cdots + 99 + 100$$
$$+)\ x = 100 + 99 + 98 + \cdots + 2 + 1$$

上下に足すと全ての項が 101 になることを確認してください．ここから，

$$2x = \underbrace{101 + 101 + 101 + \cdots + 101 + 101}_{100\text{ 個}}$$
$$= 101 \times 100$$
$$= 10100$$

と展開して，これを解いて $x = 5050$ という答えを出したそうです．

実はこのエピソードは正確ではなく，実際には先生はもっと複雑な計算をさせたのだという説があります．確かによく考えると，1 から 100 までの足し算ってそんなにたいしたことないですよね．ソロバンの得意な子ならすぐにできそうなので，この程度の計算をあっという間に解いたところでガウスの天才性を語るのにふさわしくない気もします．一般的に伝説は誇張されるものですが，ガウスの場合は伝説の方がむしろ控えめらしく，それはそれでガウスらしいとも言えそうです．

でもここでのポイントは，ガウスが工夫して数列の和を求めたというところにあります．経済学の中でも数列の和を求めるというケースが時々出てきます．そのようなときに，力業でゴリゴリと足していくのではなく，工夫してエレガントに解けると経済学がより面白くなります．数列を見たら，必ずこのガウスのエピソードを思い出すようにしましょう．

7.2 等比数列

前節では**数列**という言葉を説明なしに使いました．数列とは文字通り，数が列をなしているものを言います．規則性のある数列もあるし，規則性のない数列もありますが，数学では基本的に規則性のある数列が分析対象となります．規則性のある数列の代表例として**等差数列**と**等比数列**があります．

中でも経済学で重要なのが等比数列で，これは隣り合う数字の比が同じである数列のことです（前後の数字の比のことを**公比**と言います）．等比数列

の具体例としては

$$数列\ A : 1,\ 4,\ 16,\ 64,\ 256, \cdots$$
$$数列\ B : 3,\ 1,\ \frac{1}{3},\ \frac{1}{9},\ \frac{1}{27}, \cdots$$

があり，数列 A は初項 1，公比 4 の等比数列，数列 B は初項 3，公比 1/3 の等比数列と考えられます．なお，初項 a，公比 r の等比数列は

$$第 1 項 = a,\ 第 2 項 = ar,\ 第 3 項 = ar^2,\ 第 4 項 = ar^3,\ \cdots$$

と続きますから，この第 n 項は ar^{n-1} と表されます．数列の何番目という値と，公比の肩に乗っている数字は 1 つずれますので，気をつけてください．

7.3　経済学に出てくる等比数列

具体的に等比数列が使われる例を見てみましょう．ある商店街があり，向かって左から右に A さんのお店，B さんのお店，C さんのお店…と 10 の店舗が並んでいる状況を考えます（図 7.1）．

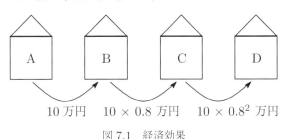

図 7.1　経済効果

ここで，人々の貯蓄率を 20% と想定します．つまり，この世界の住人は入ってきたお金の 8 割を使い，2 割を貯蓄するのです．このような状況で A さんが景気づけに B さんのお店から 10 万円分の買い物をしたとしましょう．

B さんは臨時収入に喜びながら，入ってきたお金の 2 割を貯蓄し，残りの 8 割を C さんのお店で消費します．C さんも売上の 8 割を D さんのお店で消費し，D さんも E さんのお店で…と続くとしましょう．

これが 10 番目の J さんのお店まで行き，最後に J さんが A さんのお店で買い物をしてこの動きが終わるとします（A さんがさらに買い物をしても良いのですが，どこまで行っても計算の仕方は同じなので，この辺でいったん止めることにしましょう）．さて，この一連の買い物運動によって，この商店街ではいくらのお金が動いたでしょうか．

　1 人目の A さんが使ったお金が 10 万円です．2 人目の B さんが使ったお金は A さんの 8 割，すなわち 10×0.8 万円．3 人目の C さんはそのさらに 8 割で 10×0.8^2 万円．こう考えれば，10 人目の J さんが使うお金は 10×0.8^9 万円になります．これらを全部足したものを X とすると，次の式が成立します．

$$X = 10 + (10 \times 0.8) + (10 \times 0.8^2) + \cdots + (10 \times 0.8^9) \quad (7.1)$$
$$= \sum_{i=1}^{10}(10 \times 0.8^{i-1})$$

　やれやれ，また変な記号が出てきました．$\sum$ はシグマあるいはサメーション (summation) と読み，$\sum_{i=1}^{n} a_i$ は「数列 $\{a_i\}$ を第 1 項から第 n 項まで足しなさい」という意味です．数列の和を簡潔に表したいときによく用いられますので，記号の意味は覚えておいた方が良いでしょう．

　余談ついでにさらに余談をすると，数列 $\{a_i\}$ を順番に掛け算するという場合は

$$\prod_{i=1}^{n} a_i = a_1 \times a_2 \times a_3 \times ... \times a_n$$

と表記します．$\prod$ は π の大文字ですね．積を英語で Product と言うので，P を表すギリシャ文字としてこの記号が選ばれたようです．$\prod$ は $\sum$ に比べると使われる頻度はかなり落ちますが，念のため記載しておきます．

　話を戻しましょう．X の値を求める計算をします．たかだか 10 個の足し算ですから，鉛筆片手に頑張って計算すれば答えは出ますが，冒頭のガウスのように，ここでは工夫をしてみます．

7.3 経済学に出てくる等比数列

等比数列の和を求めるときの常套手段として，まず (7.1) 式の右辺と左辺に公比 0.8 を掛けます．すると，次の式になります．

$$0.8X = 10 \times 0.8 + (10 \times 0.8^2) + (10 \times 0.8^3) + \cdots + (10 \times 0.8^{10}) \quad (7.2)$$

次に，(7.1) 式から (7.2) 式を引きます．よく見ると同じものがたくさんあるので，注意深く消していくと最終的に次のような式が出てきます．

$$0.2X = 10 - (10 \times 0.8^{10})$$

$0.8^{10} \fallingdotseq 0.107$ （さすがにこれは計算機で求めます）を代入し，上の式を X について解けばできあがりです．

$$\begin{aligned} X &= 50 - 50 \times 0.107 \\ &= 44.65\,(万円) \end{aligned}$$

ここまでの計算によって，A さんの最初の 10 万円は巡り巡って商店街全体で 44.65 万円の効果をもたらすことがわかりました．

ここでは商店街の中という極めてローカルな効果を見ましたが，実は範囲を広げていっても同じような計算で経済効果を測定することができます．このようなお金の動きは，マクロ経済学で**乗数効果**として説明されますので，詳しくはまたマクロ経済学の授業で学んでください．

練習問題 15

本文中では貯蓄率を 20% としたが，貯蓄率が 10% になったら，A さんの 10 万円の買いものは商店街全体でいくらのお金を動かすだろうか．また，貯蓄率が 25% のときはどうだろうか．なお，$0.9^{10} = 0.349$, $0.75^{10} = 0.056$ を用いても良い．

7.4 等比数列の和の公式

7.3 節で計算した等比数列の和を一般的な形で導出しておきましょう．初項を a，公比を $r(>0)$ とし，その等比数列の第 n 項までの和を S で表します．すなわち

$$S = a + ar + ar^2 + ar^3 + \cdots + ar^{n-2} + ar^{n-1} \tag{7.3}$$

ということです．これを求めるために先ほどと同じように，まず，(7.3) 式全体に公比 r を掛けます．

$$rS = ar + ar^2 + ar^3 + ar^4 + \cdots + ar^{n-1} + ar^n \tag{7.4}$$

次に (7.3) 式から (7.4) 式を引きます[*1]．

$$\begin{aligned}S &= a + ar + ar^2 + \cdots + ar^{n-2} + ar^{n-1} \\ -)\ rS &= ar + ar^2 + \cdots + ar^{n-2} + ar^{n-1} + ar^n\end{aligned}$$

ここから，最終的に次の関係が出てきます．

$$(1-r)S = a - ar^n \tag{7.5}$$

そもそもいま何を求めているかというと，S の値を知りたいということでした．そのために (7.5) 式の両辺を $(1-r)$ で割って

$$S = \frac{a(1-r^n)}{1-r} \tag{7.6}$$

を得ます．これで完成です．(7.6) 式は**等比数列の和の公式**を表しています．また，$r < 1$ で数列が無限に続くケースでは，(7.6) 式が

$$S = \frac{a}{1-r}$$

[*1] $r=1$ のときには (7.3) 式と (7.4) 式が同じものになってしまい，この計算が意味をなしません．しかし，そもそも $r=1$ のときには $S = a + a + a + \ldots + a = an$ ですから，ややこしい計算は不要になります．

7.4 等比数列の和の公式

と変形されます。これは無限等比数列の和の公式です。$r < 1$ のときには $r^\infty = 0$ となることがわかれば，この関係はすぐに理解できるでしょう[*2]。

前述のように，この公式はマクロ経済学の最初の方ですぐに必要となりますし，その他の経済学の様々な分野で用いられます。公式そのものを覚えるというよりも，導出方法をしっかり理解しておくことが重要です。

練習問題 16

(1) $8, 4, 2, 1, \frac{1}{2}, \cdots$ と続く等比数列がある。この数列の第 n 項までの和を求めよ。

(2) 初項 4，公比 $\frac{2}{3}$ の無限等比数列の和を求めよ。

(3) 第 5.1 節の新左衛門の要求を秀吉が聞きとげた場合，秀吉は全部で何粒の米を準備する必要があるか。指数を用いて解答せよ。

(4) 新左衛門の要求が「それぞれのマスに前日の 1.1 倍の米」だったとしたら，秀吉はトータルで何粒の米を準備する必要があるか。$1.1^{81} = 2253$ として計算せよ。

(5) ある企業の株価は毎年 10% の割合で上昇しているとする。また，この企業は株価の 2% を配当として支払っている。さて，ある人がこの株を 100 万円で購入し，その後 10 年間保有したとすると，10 年間で受け取った配当の総額はいくらになるか。$1.1^{10} = 2.59$ として計算すること。

[*2] 例えば $(\frac{1}{2})^2 = \frac{1}{4}$，$(\frac{1}{2})^3 = \frac{1}{8}$，$(\frac{1}{2})^4 = \frac{1}{16}$，$(\frac{1}{2})^5 = \frac{1}{32}$ …と考えていけば，$(\frac{1}{2})^\infty = \frac{1}{2^\infty} = 0$ となることが理解できます。

第III部

経済数学のキモ・微分

第 8 章

微分の考え方を知ろう

> **考えてみよう！**
>
> 　あなたの持っているお金が今より少しだけ増えたなら，あなたはそのお金をどう使うだろうか。あなたの部屋が今より少しだけ大きくなったなら，そのスペースに何を置くだろうか。あなたが今より少しだけ勉強時間を増やしたら，あなたの人生にどんな影響が出るだろうか。
>
> 　「○○が少しだけ変化したら…」そんなことをいろいろと考えてみよう。

8.1 微分の勉強はとてもお得

　微分というのは，その名前といい，使われる記号といい，勉強する者を後ずさりさせるのに十分な威圧感を持っています。極限とか連続性とか，微分を定義する言葉を見てるだけで頭が痛くなりそうです。まるでわざと微分を嫌いにさせようとしているかのようです。

　でも，微分の意味を理解するだけであれば，さほど難しいものではありません。最もよく使われる微分の公式は，実はとっても簡単です（第 8.6 節を

参照)．微分の一番大事なところを勉強する労力は，はっきり言って全然大したことはありません．

その一方で，微分を勉強することのメリットは測りしれません．微分は経済学で使われる数学の王様です．ツールとしてあちらこちらで使われるだけでなく，微分の概念自体が経済学の中に浸透しているので，微分を勉強するということは，その段階でもう経済学の勉強をしているとすら言えます．

大した労力をかけずに莫大なメリットを得られるというのであれば，恐れをなしている場合ではないですね．コストパフォーマンスは抜群です．怖がる気持ちはわからないでもないですが，勇気を出して微分と仲良くなる道を選んでみてください．

ここでは，微分のごくごく基礎的な部分について解説します．細かい原理などはわからなくても結構です．大まかに「ああ，微分ってこういうものなんだなぁ」ということを理解するように読み進めていってもらえれば良いと思います．

8.2 微分とは

微分を高校時代に習ったことがないとか，習ったけどあまり良く理解できなかったという人は，とりあえず次のことだけを覚えておいてください．

---微分とは---
x がちょっとだけ変化した時に，y にどのような影響を与えるか

何かが変わると，いろいろな経路を通じて，別の何かに影響が出ます．例えば，所得が増えれば消費が変化します．企業が雇う人の数を変えれば生産量が変わります．政府がその支出額を変えれば景気に影響が出ます．

このときに，何かの少しの変化が，別の何かにどんな影響を与えるのかを調べるのが微分という作業です．冒頭の「考えてみよう！」の問いかけに実際に挑戦してみた人は，実はすでに微分の概念の一番大事なところを理解し

ていることになります。

8.3　平均変化率

微分の図形的な概念を理解するために，まずは**平均変化率**から見ることにしましょう。平均変化率とは，x が 1 増えると y が平均的にいくつ増えるか（あるいは減るか）を示しています。例えば，図 8.1 を見てください。

ここには $y = f(x)$ という関数が描かれており，その曲線上に A $(1, 4)$ と B $(9, 8)$ の 2 点があります。

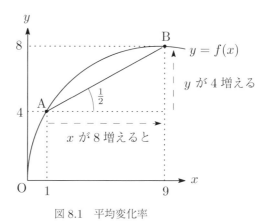

図 8.1　平均変化率

A から B までは，x 軸方向に 8，y 軸方向に 4 移動しなくてはいけません。つまり，平均的には x 軸方向に 1 進むたびに，y 軸方向に 1/2 だけ進むということになります。よって，この関数における A から B までの平均変化率は 1/2 になります。そして図からわかるように，平均変化率は 2 点を結んだ線分 AB の傾きを意味しています。

平均変化率をもう少しきちんと定義すると，次の式で表されます。

$$\text{平均変化率} = \frac{y \text{ の変化量}}{x \text{ の変化量}} = \frac{\Delta y}{\Delta x}$$

ここで，$\overset{デルタ}{\Delta}$ は「差」を表しています。A 点と B 点の座標をそれぞれ (x_A, y_A), (x_B, y_B) とすると，$\Delta x = x_B - x_A$, $\Delta y = y_B - y_A$ という意味になります。

練習問題 17

次の関数について，与えられた区間での平均変化率を求めよ。

(1) 関数 $f(x) = x^2$ において，x が 3 から 5 に変化した時
(2) 関数 $f(x) = x^2$ において，x が -2 から 0 に変化した時
(3) 関数 $y = 2x + 5$ において，x が 1 から 4 に変化した時
(4) 関数 $y = x^2 + 4x - 5$ において，x が -4 から 1 に変化した時

8.4 微分係数

さて，前節では A 点と B 点の距離をかなり大きくとりました。これを近づけるということをしてみましょう（図 8.2）。曲線の上を滑らせるように B 点を左に動かしていくと，B′ 点を経由して A 点に近づいていきます。このとき，B 点の動きに合わせて A から B への平均変化率も変わります。

どんどん動かして，A 点と B 点をこれ以上無理というところ（数学的に言うと，極限）まで近づけていきます。すると最終的に平均変化率は線分 AA′ の傾きで表されるようになります。

この AA′ の傾きのことを**微分係数**と言います。微分係数とは，極めて近接した 2 点間の平均変化率のことで，図から明らかなように，A 点における接線の傾きと一致します。

8.5 導関数

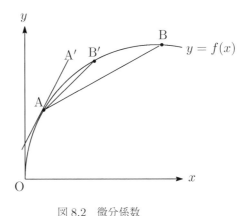

図 8.2 微分係数

覚えよう！

微分係数は，曲線の接線の傾き

8.5 導関数

図 8.3 を見てください。この上側の図には関数 $y = \frac{1}{2}x^2 - 2x + 3$ が描かれています。この曲線上の $x = 1, 2, 3$ における微分係数を求め（計算の仕方は第 8.7 節で説明します），x と微分係数の組み合わせをまとめたのが表 8.1 です。

x の値	...	1	...	2	...	3	...
微分係数		-1		0		1	

表 8.1 微分係数の動き

そして，この表 8.1 の組み合わせを縦軸に微分係数，横軸に x をとった平面上にプロットすると，図 8.3 の下側の図が現れます。

x の値が変わると微分係数も変わります。つまり，微分係数と x との間

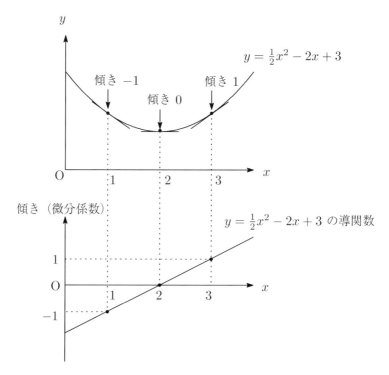

図 8.3 導関数

には何らかの関係があります。ここで，その関係を表す関数を**導関数**と呼びます。そして，**微分**とは導関数を求める作業のことを言います。ちょっとややこしいですね。とりあえず，次のことだけを覚えてください。

― 覚えよう！ ―

関数 $\xrightarrow{微分する}$ 導関数

さて，$y = f(x)$ を微分して出てきた導関数をどのように表すかというこ

とに関して，大きく分けて 2 つのパターンがあります．

$$\text{ラグランジュの表記方法} \quad y', \quad f'(x)$$
$$\text{ライプニッツの表記方法} \quad \frac{dy}{dx}, \quad \frac{df(x)}{dx}$$

ラグランジュの書き方の方がシンプルですが，ライプニッツの書き方は平均変化率の極限という微分の根元的な部分を上手に表しています．どちらにも一長一短あるので，適宜使い分けます．勉強する際にはどちらも理解しておくようにしましょう．

なお，ライプニッツの表記で使われる d は difference の頭文字で，「差」を表しています．前述のように Δ も差を表しますが，Δ が単に「小さな差」を表すのに対し，d は「極限まで小さな差」を表します．

ついでながら導関数を正確に定義すると

$$\frac{dy}{dx} = y' = \lim_{h \to 0} \frac{y(x+h) - y(x)}{h}$$

となります．でもこれは意味がわからなくてもかまいません．どこかできちんと学ぶ必要が出てくるかもしれないので，念のために記載だけしておきます．

8.6 導関数の求め方

前節で導関数がどういうものかわかったかと思います．仮にわからなくても，とにかく，ある関数を微分すると導関数が出てくるということだけ覚えてもらえば十分です．それはいいのですが，問題は，その導関数を求めるためにはどうすれば良いのか，ということですね．

細かい原理はともかく，ここではその導出方法についてだけ述べることにします．もしその原理まで知りたい人がいれば，参考文献を使って自分で調べてみてください．

定数関数 $(y = b)$ の微分

例えば $y = 5$ とか $y = -2$ というように x が存在しない関数を考えます。こういうものを定数関数と言います。この時，y を x について微分すると（＝導関数を求めると），

$$\frac{dy}{dx} = y' = 0$$

になります。これは b がどんな値をとっても必ず成り立ちます。定数関数というのは x 軸に平行な直線で，x の値が何であれ y の値は一定であるような関数です。つまり，関数の傾きは常にゼロですから，x の変化に対する y の平均変化率もゼロとなります。だからどんなときでも $y' = 0$ となるということですね。

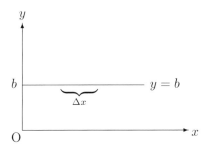

図 8.4 $y = b$ のケース

1 次関数 $(y = ax)$ の微分

次に 1 次関数を考えます。$y = ax$ という関数を微分すると，

$$\frac{dy}{dx} = y' = a$$

となり 1 次関数の傾きがそのまま導関数になります。例えば，$y = 3x$ を微分すると，$y' = 3$ になります。これも 1 次関数の平均変化率が a で一定であることを思い出せば，直感的には理解できますね。

8.6　導関数の求め方

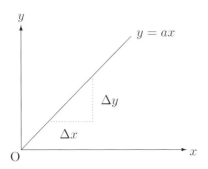

図 8.5　$y = ax$ のケース

なお，定数を微分するとゼロになるということを利用すると，$y = ax + b$ を微分したとしても同様に

$$\frac{dy}{dx} = y' = a$$

であることがわかります。

2 次関数 ($y = ax^2$) の微分

2 次関数 $y = ax^2$ を微分すると

$$\frac{dy}{dx} = y' = 2ax$$

となります。例えば，$y = -4x^2$ の導関数は $y' = -8x$ です。また，これまでの公式を応用すれば，関数 $y = ax^2 + bx + c$ の導関数は

$$\frac{dy}{dx} = 2ax + b$$

であることもわかります。よって，$y = 3x^2 + 4x + 5$ という関数を微分すると次のようになります。

$$\frac{dy}{dx} = y' = 6x + 4$$

n 次関数 ($y = x^n$) の微分

n 次関数を微分すると

$$\frac{dy}{dx} = y' = nx^{n-1}$$

となります。やり方は，

  (a) まず，x の肩に乗っている n を前におろす
  (b) x の次元を 1 つ落とす
    → n 乗から $n-1$ 乗に

これで，できあがりです。例えば，$y = x^4$ を微分すると $y' = 4x^3$ となります。なお，n が整数以外のケース（小数や分数など）でもこの公式は利用可能です（例えば $y = x^{0.1}$ のとき，$y' = 0.1x^{-0.9}$）。

微分の公式は他にもたくさんありますが，まずは以上の公式を覚えてください。これだけわかっただけでも，経済学で使える数学のバリエーションがグンと増えます。

練習問題 18

次の関数を微分せよ。

(1) $f(x) = 2x$
(2) $f(x) = 2x + 5$
(3) $y = 2x^3 + x^2 + 5x$
(4) $y = \dfrac{1}{3}x^n - x^{n-1}$
(5) $p = 100 - x$
(6) $C = x^3 + 4x^2 - x + 10$
(7) $I = 20 - r - r^2$ (r について微分)
(8) $Y = \dfrac{1}{1-c}G$ (G について微分)

8.7 導関数と微分係数

導関数と微分係数はややこしいので，この段階で混乱してしまう人が少なからずいます。ここでは両者の関係をきちんと理解しておきましょう。

まず，関数を微分すると，その導関数が現れます。例えば $f(x) = x^3$ を微分すると

$$\frac{df(x)}{dx} = f'(x) = 3x^2$$

となります。これが関数 $f(x) = x^3$ の導関数です。そして，微分係数とは，導関数 $f'(x)$ に具体的な x の値を代入したものを指します。例えば，$x = 2$ における関数 $f(x)$ の微分係数は，$f'(x) = 3x^2$ に $x = 2$ を代入して，

$$f'(2) = 3 \times 2^2 = 12$$

と求められます。

―― 覚えよう！ ――

導関数 $\xrightarrow{\text{具体的な値を代入}}$ 微分係数

練習問題 19

次の関数について，与えられた x の値に対応する微分係数を求めよ。

(1) $f(x) = 2x^2 \quad (x = 1)$
(2) $f(x) = 3x^2 - x + 3 \quad (x = -2)$
(3) $p(x) = x^2 - 2x - 1 \quad (x = 5)$
(4) $I(r) = 20 - r - r^2 \quad (r = 0.5)$

第 9 章
経済学では微分をこう使う

> **考えてみよう！**
>
> 　豊作になると，値崩れを防ぐために農家があえて作物を廃棄することがある。ニュースなどで流れてくる映像によれば，廃棄されている作物はキャベツや白菜などが多く，メロンやイチゴが廃棄されることはない。なぜこのような違いが生じるのだろうか。廃棄される作物と，廃棄されない作物の違いは何だろうか。

9.1 右上がり・右下がり

　あるところに工場があり，そこでは毎日 50 個の財を生産しているとします。毎日毎日，何となく惰性で生産をしていたのですが，あるとき工場長が「生産量を今よりも増やしたらどうなるだろう」ということを考えました。さっそく部下に調べさせると，この工場の利潤関数は $\pi = -x^2 + 120x$ であるとのことです。さて，この工場長は生産量を増やすという選択をすべきでしょうか。

　第 4 章で 2 次関数を勉強しましたから，皆さんはもうこの問いかけに答えることができるはずです。利潤関数を平方完成すると，図 9.1 が描かれま

す。覚えている人がいるかもしれませんが，これは図 4.7 を再掲したものです。

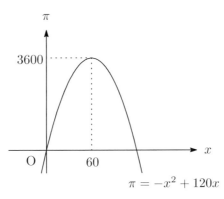

図 9.1　利潤最大化

　図によれば，この工場の最適生産規模は $x = 60$ なので，現在の 50 個の生産では少ないですね。もう少し生産量を増やすべきだということになります。

　ということでめでたく答えが出ました。でもふと考えれば，この方法は 2 次関数にしか通用しません。利潤関数が 3 次関数や 4 次関数，あるいはもっと複雑な関数で表されたときにはどうすれば良いでしょうか。また 2 次関数のケースでも，わざわざ平方完成をして図に描くというのは面倒です。もっと簡単な方法はないでしょうか。

　実は，それは微分をすることで解決します。前章で見たように，微分係数は関数の接線の傾きを表しています。そこで，ある点の微分係数の値を見れば，その点の付近で関数が右上がりになっているか，右下がりになっているかがわかります。例えば，図 9.2 を見てみましょう。

　A 点や E 点における接線の傾きは正であり，その近傍ではグラフが右上がりになっています。逆に C 点では接線の傾きが負であり，この点の近傍ではグラフが右下がりになっています。このように，グラフが右上がりなのか右下がりなのかをイメージできるようになるというのが，微分の利点の 1

9.1 右上がり・右下がり

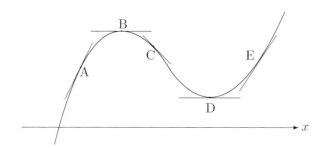

図 9.2 接線の傾き

つです。

― 覚えよう！ ―

微分係数が正 → その点の近傍でグラフが右上がり

微分係数が負 → その点の近傍でグラフが右下がり

具体的に，先ほどの工場の利潤関数を使って確かめてみましょう。$\pi = -x^2 + 120x$ を x について微分すると次のようになります。

$$\pi'(x) = -2x + 120$$

ここに $x = 50$ を代入すると，

$$\pi'(50) = -2 \times 50 + 120 = 20$$

となり，$x = 50$ における微分係数は $\pi'(50) > 0$ であることがわかります[*1]。微分係数が正ということは，$x = 50$ の付近では利潤関数は右上がりである

[*1] $\pi'(50)$ とは $\pi'(x)$ に $x = 50$ を代入したものです。

ことを意味します。よって、ここから生産量を増やせば利潤はさらに増えるということになります。

練習問題 20

(1) $y = x^3 - 2x^2 - 3x + 5$ を平面に描いたとする。この曲線は $x = 2$ において右上がりなのか，右下がりなのかを答えよ。同様に，$x = 1$, $x = -3$ についても答えよ。

(2) ある企業の利潤関数 $\pi(x)$ が $\pi = -x^2 + 8x + 5$ と表されており，現在 $x = 6$ で生産しているとする。さて，この企業はそこから生産量を増やすべきか，減らすべきか。アドバイスせよ。

9.2 最大化（極大，極小）

第4章でも説明したように，経済学では最大化・最小化という作業がとても重要です。利潤の最大化，効用の最大化，費用の最小化などがその具体例ですが，この最大化・最小化をする際にも微分というツールが有用です。

再び図9.2を見てください。図中に，微分係数（＝接線の傾き）がゼロとなる点が2つだけあります。点Bと点Dです。微分係数がゼロになるということは，その曲線が右上がりでもなく，右下がりでもないということを意味しています。つまり，それらは山の頂点か，谷の底のどちらかになります。

数学では，関数の山の頂点のことを極大点，谷の底のことを極小点と言います。極大点・極小点は必ずしも最大点・最小点と一致しませんが（例えば，図9.2において，B点は最大点ではないし，D点は最小点ではありません），経済学では図9.3のように極大点と最大点，極小点と最小点がそれぞれ一致するようなケースを扱うのが大半です。だから，両者の違いをあまり

9.2 最大化（極大，極小）

気にする必要はないでしょう。以下では，両者が同じものであるとして話を進めます。

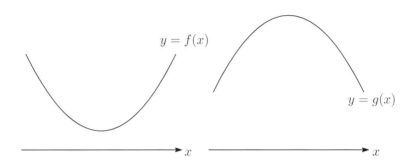

図 9.3 極小点＝最小点，極大点＝最大点

最大点・最小点において微分係数がゼロになるということは，逆に言えば微分係数がゼロになるところを探せばそこが最大点・最小点になっているということになります。例えば，$\pi = -x^2 + 120x$ の最大点を求めるには，$\pi'(x) = 0$ となる x を探せばよいので，

$$\pi'(x) = -2x + 120 = 0$$

という方程式を解いて，

$$x = 60$$

を得ます。平方完成をするよりも楽ですね。このとき，$\pi = -60^2 + 120 \times 60 = 3600$ なので，利潤関数の最大点は $(x, \pi) = (60, 3600)$ となります。

―――― 覚えよう！ ――――
関数 $f(x)$ の最大点または最小点を見つけたいときは，$f'(x) = 0$ となる x を求めればよい。

ところで，$f'(x) = 0$ となる点を探しただけでは，関数が最大となっているのか最小となっているのかがわかりません。実は，これを調べるためには導関数をもう一度微分する（二階微分）という作業が必要です（表 9.1）。

詳しい説明は省略しますが，二階微分の値が正であれば，関数はその点において最小値をとっています。逆に二階微分の値が負であれば，その点において最大値をとります。ただし，経済学の最初の段階ではこのことにあまり神経質にならなくても良いので，とりあえずは忘れてもらっても構いません。

微分係数の値	$f'(x_0) > 0$	$f'(x_0) = 0$		$f'(x_0) < 0$
		$f''(x_0) < 0$	$f''(x_0) > 0$	
関数の動き	右上がり	極大（最大）	極小（最小）	右下がり

表 9.1　$x = x_0$ における微分係数と関数の動き

> **練習問題 21**
> 第 4.4 節の練習問題 8 を，微分を用いて解け。

9.3　弾力性

9.3.1　同じ 10 円でも…

ある財の価格が 10 円値下げされるとします。この値下げがお得かどうかは，その財の元の価格に依存します。例えば，その財が 50 円で売られているものなら，10 円の値下げは 20% オフを意味するので，かなりお得と言え

るでしょう。一方，元の価格が 1000 円なら，10 円というのはその 1% に過ぎず，大した値下げではありません。

このように，同じ 10 円でも元の価格が違うとその重みも変わってきます。そこで，何かが変化したときの意味を考える際には，その**変化量**（変化額）だけでなく，**変化率**も確認する必要があります。

9.3.2 弾力性の定義

この変化率に着目したのが**弾力性**という概念で，これはある変数の変化率と別の変数の変化率の比で表されます。例えば，経済学でよく用いられる需要の価格弾力性 (ε_D) は

$$\varepsilon_D = -\frac{需要の変化率}{価格の変化率} \tag{9.1}$$

と定義されます。需要の変化率を価格の変化率で割ることで，価格が 1% 上昇するごとに需要が何 % 減少するかを表します（価格と需要には前者が上がると後者が減るという負の相関関係があり，この関係を表すために，需要の価格弾力性を定義するときはマイナスの符号を付けておきます[*2]）。

---— 覚えよう！ ———

需要の価格弾力性：需要の変化率と価格の変化率の比
(価格が 1% 上がると需要が何 % 減るか)

次に，需要の価格弾力性を変数で表してみましょう。そのためにはまず，変化率の意味をきちんと理解する必要があります。例えば，ある財の元の価格が $p = 50$ 円で，そこから値下げされて $p' = 40$ 円になったとします。これが何 % の下落かというと，その答えは 20% です。ここまでは良いです

[*2] 弾力性には他にもいろいろな組み合わせがあるのですが，例えば供給と価格，消費と所得のような組み合わせの場合，一般的に正の相関があると考えられます。よって，供給の価格弾力性や消費の所得弾力性を定義するときはマイナスを付けません。

ね。この答えを求めること自体は多くの人にとってそれほど難しい作業ではありません。でも，じゃあどういう計算をして 20% という数字を出したの？ と聞くと，意外とすぐに答えられません。皆さん，これぐらいの計算だとあまり考えず，無意識にやってしまうようです。

改めてゆっくり考えると，実際には頭の中で次のような式を立てていたはずです[*3]。

$$価格の変化率 = \frac{40-50}{50} \times 100 = -20\% \tag{9.2}$$

ここで，分子の $40-50$ は価格の変化量 ($dp = p' - p$) で，これは今の価格から元の価格を引いたものです。分母の 50 は元の価格 (p) です。よって，変化率を変数を使って一般的な形で表すと次のようになります。

$$価格の変化率 = \frac{dp}{p} \times 100$$

同じように，需要 (x) の変化率も求め，これらを (9.1) 式に代入します。

$$\varepsilon_D = -\frac{\dfrac{dx}{x} \times 100}{\dfrac{dp}{p} \times 100}$$

これが需要の価格弾力性の定義式です。ただし，二重分数は見栄えが悪いので，この式を変形して

$$\varepsilon_D = -\frac{p}{x}\frac{dx}{dp} \tag{9.3}$$

と書くのが一般的です。

[*3] (9.2) 式が直感的にわからない人は次のように考えて下さい。
「40 円は 50 円の 80% で，これは元の金額 (100%) と比較すると 20% 下がる」
この計算方法を式で表すと

$$\frac{40}{50} \times 100 - 100 = -20\%$$

となり，この式を通分すると (9.2) 式が得られます。

9.3.3 弾力性の求め方

具体的に $p = 200 - 3x$ という需要関数があるとして，$p = 80$ のときの需要の価格弾力性を求めてみましょう。(9.3) 式を見ると，ε_D を求めるためには，(1) p の値，(2) x の値，(3) dx/dp の値（微分係数）の 3 つが必要であることがわかります。

(1) についてはすでに $p = 80$ と与えられています。(2) は，$p = 200 - 3x$ に $p = 80$ を代入して計算すると，$x = 40$ と求められます。最後の (3) は，需要関数を

$$x = \frac{200}{3} - \frac{1}{3}p$$

と変形した上で微分すると，

$$\frac{dx}{dp} = -\frac{1}{3}$$

となります[*4]。

以上で準備完了です。(1)～(3) の値を (9.3) の定義式に代入して

$$\varepsilon_D = -\frac{p}{x}\frac{dx}{dp}$$
$$= -\frac{80}{40} \times \left(-\frac{1}{3}\right)$$
$$= \frac{2}{3}$$

を得ます。

[*4] 需要関数が $x = x(p)$ のような形で表されている場合は素直に x を p で微分すれば dx/dp を得られるのですが，第 3.1 節でも触れたように，経済学では需要関数を $p = p(x)$ のように表すことが多いです。そこで，$p = p(x)$ という関数を $x = x(p)$ という形に変形してから微分をします。

> **練習問題 22**
>
> 需要関数と価格が次のように与えられているとき，需要の価格弾力性を求めよ．
>
> (1) $p = 35 - 2x$ $(p = 15)$
>
> (2) $p = 60 - \frac{2}{3}x$ $(p = 40)$

9.3.4 企業の価格戦略

さて，なぜ弾力性というややこしいものを考えなくてはいけないのでしょうか．ある（独占的な）企業の価格戦略を例に考えます．企業の売上は価格と販売量の掛け算で表されます．よって，当初の販売価格を p_0, 販売量（＝需要量）を x_0 とすれば，次の関係が成立します．

$$売上 = p_0 x_0$$

ここで，企業が値上げをして，価格が p_1 になったとしましょう．価格が上がると需要量は減るので，その掛け算である売上が増えるか減るかは一概には言えません．

$$売上 = 価格 (\uparrow) \times 需要量 (\downarrow) = ???$$

そこで，場合分けをしてみます．まず，価格の上昇率の方が需要の減少率（の絶対値）よりも小さいとしましょう．例えば，価格を 10% 値上げすると，需要量が 20% 下落するようなケースです．価格が 1.1 倍になると $(p_1 = 1.1 p_0)$，需要量が 0.8 倍になるわけですから $(x_1 = 0.8 x_0)$,

$$値上げ後の売上 = p_1 x_1 = 1.1 p_0 \times 0.8 x_0 = 0.88 p_0 x_0$$

となって，元の売上 $(p_0 x_0)$ よりも下がってしまいます．このようなケースでの値上げは企業にとって望ましくありません．

9.3 弾力性

次に，価格の上昇率の方が需要の減少率（の絶対値）よりも大きいとします．例えば，価格を 10% 値上げすると需要量が 5% 落ち込むケースです．このときは，

$$値上げ後の売上 = 1.1 p_0 \times 0.95 x_0 = 1.045 p_0 x_0$$

となるので，値上げをすることによって売上を増やすことができます．

こう考えると，この企業にとって重要なのは「需要の変化率と価格の変化率の比」，すなわち需要の価格弾力性であることがわかります．需要の価格弾力性が 1 より大きい（価格の上昇率より需要の下落率が大きい）ときには，企業の値上げ戦略は失敗します．逆に需要の価格弾力性が 1 より小さい（価格の上昇率より需要の下落率の方が小さい）ときには，値上げによって売上を増やすことが可能になります．このように，企業の価格戦略を考える際には需要の価格弾力性という概念が重要になります．

9.3.5 豊作貧乏

経済学で用いられる弾力性のもう 1 つの例として農作物の話をします．

ある農作物の収穫量が多いのか少ないのかは，天候等に左右されます．我々はついつい，天候に恵まれて豊作になると農家の利益につながると思いがちですが，必ずしもそうとは言えません．なぜなら豊作になって販売量 (x) が増えると，財の希少価値が薄れて価格 (p) が下がるからです．その結果，豊作になっても農家の売上 (px) は減るかもしれません．

売上が増えるか減るかは，その農作物の性質によります．需要の価格弾力性が 1 より小さな財，つまり，

$$\frac{x \text{の増加率}}{p \text{の下落率}} < 1$$

という関係にある財は，x の増加率より価格の下落率の方が大きいので，豊作になると売上が下がります．この現象を俗に「豊作貧乏」と言います．一

方，需要の価格弾力性が 1 より大きな財，つまり，

$$\frac{x \text{ の増加率}}{p \text{ の下落率}} > 1$$

という関係にある財は，x の増加率ほどには p の下落率は大きくないので，豊作によって売上が増加します。

　キャベツや白菜のような財は，価格が下がったからと言ってそれほど需要が増えるわけではありません。つまり，これらは需要の価格弾力性の小さな財です。上記のように，需要の価格弾力性が小さな財は豊作貧乏になりやすいので，豊作になるとあえて農産物を処分して価格の下落を抑えることがあります。

　一方，メロンやイチゴの場合は，価格の変動に需要は敏感に反応します。メロンが例年よりも安く売られるようなことがあれば，多くの人はここぞとばかりにたくさんのメロンを消費しようとするでしょう。つまり，メロンやイチゴは価格弾力性の大きな財の典型です。このような財の場合は，豊作になればなるほど農家の売上は増加します。なので，農家が生産調整をする必要はありません。

　せっかく作った農作物を，農家の方がブルドーザーで処分している様子をニュースなどで見ることがあります。実はその対象はいつもキャベツや白菜などであって，メロンやイチゴではありません。弾力性という概念を使うと，こういう現象の背景も理解できるようになります。

第 10 章

一歩進んだ微分の公式

考えてみよう！

次の関数と導関数の関係を見て欲しい。

$y = x^3 \quad \rightarrow \quad y' = 3x^2$

$y = x^2 \quad \rightarrow \quad y' = 2x$

$y = x^1 \quad \rightarrow \quad y' = 1$

$y = x^0 \quad \rightarrow \quad y' = 0$

$y = x^{-1} \quad \rightarrow \quad y = -x^{-2}$

さて，ここで何か気づかないだろうか？ 左の列の関数は x^3, x^2, x^1, …と順番に x の次数が下がっていくのに，右の列の関数は x^2, x^1, x^0, x^0, x^{-2} と x の次数が連続的ではない。左にどんな関数を持ってくれば，右の導関数が x^{-1} の形になるだろうか。

10.1 より深い理解のために

第 8.6 節で $y = ax^n$ の微分の公式を紹介しました。ここではもう少し発展させた微分の公式を紹介しておきます。これまでの章に比べると難易度が上がるために，経済学との関係を示すというよりは，ただ公式を並べてその

使い方を示すだけという無機質な説明になってしまっています（どうもすみません）。でも，この章の内容を覚えておくと，ミクロ経済学やマクロ経済学で公式が使われたときに感動すること間違いなしですよ。

10.2　関数の積の微分

ある関数 $f(x)$ と別の関数 $g(x)$ の積を考えましょう。

$$y = f(x)g(x)$$

証明は一切抜きで，これを x について微分すると次のような形になります。

───── 関数の積の微分 ─────

$y = f(x)g(x)$ を微分　$\Rightarrow$　$\dfrac{dy}{dx} = \dfrac{df(x)}{dx}g(x) + f(x)\dfrac{dg(x)}{dx}$

あるいは

$$y' = f'(x)g(x) + f(x)g'(x)$$

表記方法が違うだけでどちらも同じことを意味しています。具体的に見てみましょう。例えば，$y = (x^2 - x + 1)(2x^2 + 3x - 3)$ という関数があるとします。まず上の例に当てはめて，$f(x) = x^2 - x + 1$, $g(x) = 2x^2 + 3x - 3$ という関係になることを確認してください。次に

$$\frac{df(x)}{dx} = f'(x) = 2x - 1$$
$$\frac{dg(x)}{dx} = g'(x) = 4x + 3$$

を導出しておきます。これで準備完成です。上の公式にこれらの式を代入す

10.2 関数の積の微分

ると

$$\frac{dy}{dx} = y' = f'g + fg'$$
$$= (2x-1)(2x^2+3x-3) + (x^2-x+1)(4x+3)$$
$$= (4x^3+4x^2-9x+3) + (4x^3-x^2+x+3)$$
$$= 8x^3+3x^2-8x+6$$

となって計算終了です。

上の例だと，わざわざ公式を使わなくても式を展開して $y = 2x^4 + x^3 - 4x^2 + 6x - 3$ と計算した後で微分すればいいじゃないかと思うかもしれません。こんな単純な式ならその通りですが，例えば $y = a^x(x^2 - 2x - 1)$ や $y = x \log x$ のような関数になるとそんなわけにもいきませんので，やっぱり積の微分の公式は覚えておく方が良いと思います。

また，この公式はミクロ経済学で豊作貧乏や独占企業について学ぶときによく用いられます。

練習問題 23

積の微分の公式を用いて y を x について微分せよ。

(1) $y = (x^2 + 3x - 1)x^{\frac{1}{2}}$
(2) $y = (2x^2 - 4x - 1)(x^2 + 3x - 1)$
(3) $y = (x^3 - x^2 + 5x - 3)(x - 1)$

10.3 合成関数の微分

関数の中に関数が入り込んでしまっているようなケースもあります。これを**合成関数**と言います。式で表すと

$$y = f(g(x))$$

のようなケースです。これを x について微分するには，上の関数をまず次のように2つに分けて，

$$\begin{cases} y = f(u) \\ u = g(x) \end{cases}$$

その上で合成関数の微分の公式を適用します。

合成関数の微分

$y = f(u), u = g(x)$ を微分 $\Rightarrow$ $\dfrac{dy}{dx} = \dfrac{df}{du} \times \dfrac{du}{dx}$

あるいは

$y' = f' \times u'$

具体的に見ましょう。例えばこんな関数があったとします。

$$y = (x^2 + 2x - 3)^{\frac{1}{2}}$$

ここで，$u = x^2 + 2x - 3$ とおき，$f(u) = u^{\frac{1}{2}}$ とすると，y が

$$y = f(u(x))$$

という2つの関数の合成関数になっていることがわかります。さて，実際に y を x で微分してみましょう。必要な情報は df/du と du/dx ですから，そ

れぞれ

$$\frac{df}{du} = \frac{1}{2}u^{-\frac{1}{2}}$$
$$\frac{du}{dx} = 2x + 2$$

のように準備しておいて，これを公式に入れれば完成です．

$$\begin{aligned}\frac{dy}{dx} &= \frac{df}{du} \times \frac{du}{dx} \\ &= \frac{1}{2}u^{-\frac{1}{2}} \times (2x+2) \\ &= \frac{x+1}{u^{\frac{1}{2}}} \\ &= \frac{x+1}{(x^2+2x-3)^{\frac{1}{2}}}\end{aligned}$$

練習問題 24

合成関数の微分の公式を用いて y を x について微分せよ．

(1) $y = (x^2 - 2x - 4)^2$

(2) $y = \left(\frac{1}{4}x - 2\right)^8$

(3) $y = (x^2 + 4x - 3)^{\frac{1}{2}}$

10.4 分数関数

分数になった関数の微分の公式は次のように与えられます．

---分数関数の微分---

$$y = \frac{f(x)}{g(x)} \text{を微分} \quad \Rightarrow \quad \frac{dy}{dx} = \frac{f'g - fg'}{g^2}$$

さらに，$y = 1/x$ という最もシンプルな分数関数の微分は次のようになります。この公式は頻繁に使われるので，必ず覚えておいてください（$y = 1/x$ を $y = x^{-1}$ と書き換えれば，$y' = -x^{-2}$ が得られます）。

---最もシンプルな分数関数---

$$y = \frac{1}{x} \quad \Rightarrow \quad \frac{dy}{dx} = -\frac{1}{x^2}$$

練習問題 25

y を x について微分せよ。

(1) $y = \dfrac{2x - 1}{x + 1}$

(2) $y = \dfrac{x^2}{x + 1}$

(3) $y = \dfrac{1}{2x + 3}$

10.5 指数関数・対数関数の微分

1年次，2年次あたりではあまり使いませんが，ある程度高度な経済学に触れるようになると指数関数・対数関数の微分がとても重要になってきま

10.5 指数関数・対数関数の微分

す。特に大学院に進むことを考えたり，経済学を用いた仕事に従事するような場合には必須といっても良いでしょう。今の段階では特にそんな希望を持っていないとしても，将来必要になるかもしれません。そんなときのためにも，覚えておいて損はないと思いますよ。

指数関数の微分

$$y = a^x \quad \Rightarrow \quad \frac{dy}{dx} = a^x \cdot \log_e a$$

$$y = e^x \quad \Rightarrow \quad \frac{dy}{dx} = e^x \quad (a = e \text{ のケース})$$

対数関数の微分

$$y = \log_a x \quad \Rightarrow \quad \frac{dy}{dx} = \frac{1}{x \cdot \log_e a}$$

$$y = \log_e x \quad \Rightarrow \quad \frac{dy}{dx} = \frac{1}{x} \quad (a = e \text{ のケース})$$

特に重要なのは $a = e$ のケースで，これは頻繁に使われるというだけでなく，数学的にとても面白い特徴を持っています。まず，$y = e^x$ を微分しても元の形と変わりません。こんな特徴を持つ関数は他にはありません。

また，冒頭の「考えてみよう！」をもう一度見てください。ここには，導関数 $y' = ax^{-1}$ のような形になる関数がありませんでした。実は，それに当てはまる関数は，$y = \log_e x$ だったのです。$y = x^n$ の n にどんな値を入れても $y = ax^{-1}$ という導関数にはならないのに，なぜか $y = \log_e x$ という関数が横からひょっこり出てきてその穴を埋めるのです。こういう関係を見ていると，数学の不思議さに改めて魅了されます。

練習問題 26

y を x について微分せよ。

(1) $y = e^{2x}$
(2) $y = \log_e(x^2 - 2x + 2)$
(3) $y = e^x \log_e x$
(4) $y = \dfrac{x^2 + 2x + 2}{e^x}$

第 11 章

あなたのショッピングを数式で分析

> **考えてみよう！**
>
> 街に出て買い物をする。あれも欲しい，これも欲しいと思うのだけど，全部買うのは財布の中身が許さない。そんなとき，あなたはどんなことを考えながら買い物をするのだろうか。

11.1 多変数関数

　動物にとって一番大事なことは，何よりもまず食べることです。人間も動物の一種なので，この点は変わりません。しかし，人間は食べるだけでは満足しません。食べ物以外に，衣服，娯楽，様々なサービスなどを消費することによって効用（満足度）を得ています。また，「食べ物」と一口に言っても多くの種類があります。私たちは決して毎日同じものばかり食べているわけでもありません。

　いろいろな種類の財を消費している中で，ある財の消費量が変化すると，当然，効用も変化することになります。このとき，効用水準を決定する変数

は複数存在します．このように，複数の変数が絡み合って関数の値を決定するようなものを**多変数関数**と言います．例えば y の値が x_1 から x_n までの n 個の変数によって決まる場合，

$$y = f(x_1, x_2, ..., x_n)$$

のように書かれます．

　経済学において最も頻繁に用いられる多変数関数としては，次のようなものがあります．

$$u = x^\alpha y^\beta \tag{11.1}$$

これはコブ・ダグラス型関数と呼ばれるもので，消費理論や生産理論など様々なケースで利用されています．例えば，多くの場合，企業の生産関数は

$$Y = K^\alpha L^\beta \tag{11.2}$$

という形で表されます．Y は生産量，K は資本（機械や土地などのこと）の量，L は労働者の数を表していて，資本が増えたり，労働者が増えたりすると生産量が増えるという関係になっています．

11.2　分数関数

　後で必要になるので，このコブ・ダグラス型関数を図に描いたらどうなるかを見ておきましょう．なお，(11.1) 式や (11.2) 式は 3 次元関数なので，本来であれば立体的に描かれなくてはいけないのですが，ここではあえてそれを省略します．詳しく知りたい人は，ミクロ経済学の教科書などで確認してください．

　コブ・ダグラス型関数の中で最も単純なのは

$$u = xy$$

という式です．これは (11.1) 式において $\alpha = 1$，$\beta = 1$ としたものですね．

11.2 分数関数

3つの変数の動きを2次元の平面に描くことは難しいので，ここでは u を固定しましょう．その上で y と x の関係に着目し，次のように変形します．

$$y = \frac{u}{x} \tag{11.3}$$

このように分母に変数が入っている関数を**分数関数**と言います．まず，この関数の動きを調べるために，$u=1$ として，$y=1/x$ の表と図を作ってみましょう．

x	$\cdots$	-3	-2	-1	$-\frac{1}{2}$	$-\frac{1}{3}$	0	$\frac{1}{3}$	$\frac{1}{2}$	1	2	3	$\cdots$
y	$\cdots$	$-\frac{1}{3}$	$-\frac{1}{2}$	-1	-2	-3		3	2	1	$\frac{1}{2}$	$\frac{1}{3}$	$\cdots$

表 11.1 $y = \dfrac{1}{x}$

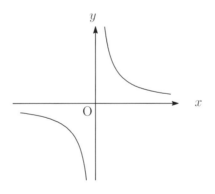

図 11.1 双曲線

中学校で習った双曲線と呼ばれる曲線が現れました．ただし，経済学において負の領域を用いることはあまりありませんので（生産量が負になったり，価格が負になったりということは考えなくて良いわけです），必要なのは右上の部分だけです．だから双曲線の左下の部分は無視しても構いません．

$y = u/x$ という関数において，先ほどは u を固定して図を描きましたが，ここでは u が大きくなると何が起こるかを考えます。結論を先に書くと，u が大きくなるにつれて双曲線が右上にシフト（移動）します。例えば $y = 1/x$ と $y = 2/x$ を比べてみましょう。前者は $(x, y) = (1, 1)$ を通るのに対し，後者は $(x, y) = (1, 2)$ を通ります。つまり，$y = 2/x$ は $y = 1/x$ よりも右上に位置するのです（図 11.2）。

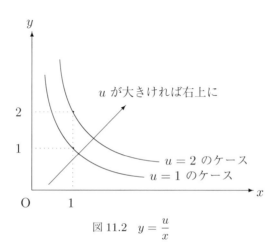

図 11.2　$y = \dfrac{u}{x}$

この位置関係は第 11.5 節で条件付き最大化問題を考える際にとても重要になるので，きちんと理解しておいてください。

なお，$u = x^\alpha y^\beta$ という一般的なコブ・ダグラス型関数を変形すると次のようになります。

$$y = \left(\frac{u}{x^\alpha}\right)^{\frac{1}{\beta}}$$

かなりややこしくなっていますが，基本的には (11.3) 式と同じ形です。よって，これをグラフにすると図 11.1 や図 11.2 と同じ特徴を持った曲線が描かれます。

> **練習問題 27**
>
> $u=1$, $u=2$ のそれぞれのケースについて,$u=x^{\frac{1}{2}}y^{\frac{1}{2}}$ を xy 平面に描け。

11.3 偏微分

さて,ここで再び「微分」という作業を行います。微分というのは「ある変数が少しだけ変化したとき,別の変数にどのような影響を与えるか」を調べる作業のことでした(覚えていますか?)。前章のような1変数関数であれば「影響を与える」変数は1つしかないので特に気にする必要もなかったのですが,多変数関数の場合は影響を与える変数が複数存在します。そうすると,どの変数が,そして何個の変数が影響するのかというややこしい問題が生まれます。そこで,多変数関数においては2種類の「微分」が準備されています。1つを**偏微分**と言い,もう1つを**全微分**と言います。

まずいろいろな変数のうち,1つの変数だけが変化したときのことを考えましょう。例えば,$Y=K^{\alpha}L^{\beta}$ という生産関数を思い出してください。ここでは資本と労働という2つの生産要素が用いられます。仮に,工場の規模や機械の性能は変えないで(すなわち K を変化させず),労働力だけを増やしたら,生産量にどのような影響があるでしょうか。企業が生産計画や採用計画を立てる際にはこういった情報が不可欠ですが,このように,他の変数を全て固定しておいて1つの変数の影響だけを調べる作業を偏微分と言います。この場合は,Y を L で偏微分するという言い方をするわけですね。

なんだ偏微分って偉そうな名前が付いてるけど,結局,今までに習った微分とそんなに変わらないじゃないかと思った人はその通り。実際,偏微分自体はそれほど難しいものではありません。計算をするだけなら,ほとんど新しい知識は不要です。1変数関数の微分と異なるのは以下の2点だけですので,とりあえずその部分を覚えてもらうことにします。

―― 覚えよう！――
(1) 偏微分の記号として d ではなく ∂ を使う。
(2) 関数の中に変数がいくつあっても動かす変数は 1 つだけ。他の変数は定数として扱う。

(1) については単に記号が変わるだけです。理由などは気にせずに，多変数関数の場合はこうなるんだなというぐらいに思ってください。なお，∂ の読み方は特に決まっていないようで，「ラウンドディー」「ラウンド」「ディー」「デル」などいろいろな言い方があるようですが，経済学の世界では「ラウンド」と言うことが多い気がします。

(2) については具体的に見てみましょう。再び
$$Y = K^\alpha L^\beta$$
という関数に登場してもらい，Y を L について偏微分します。上の「覚えよう！」によれば，L 以外の変数（この場合 K のことですね）を定数だと思えば良いとのことですから，K を例えば $y = ax + b$ という関数で用いられる a や b と同じだと思って上の式を L について微分してみます。
$$\frac{\partial Y}{\partial L} = \beta K^\alpha L^{\beta-1}$$

これが Y を L で偏微分した時の導関数（偏導関数）です。え，いきなりそんなこと言われてもわからないですって？ そういう人はまず $y = ax^n$ の導関数が
$$\frac{dy}{dx} = anx^{n-1}$$
であることを思い出してください。そして，K^α を a だと思ってください。そうやってじっと見ていれば，上の生産関数の偏導関数も理解できるはずです。

もちろん，Y を K について偏微分することも可能です。その場合の偏導関数は
$$\frac{\partial Y}{\partial K} = \alpha K^{\alpha-1} L^\beta$$

と表されます。

なお、いちいち $\frac{\partial Y}{\partial L}, \frac{\partial Y}{\partial K}$ と書くのは面倒なので，

$$Y_L = \frac{\partial Y}{\partial L}, \quad Y_K = \frac{\partial Y}{\partial K}$$

と省略して書くこともあります。ちょうど 1 変数関数の微分を $y' = \frac{dy}{dx}$ と書くようなものですね。

練習問題 28

次の関数をそれぞれの変数について偏微分せよ。

(1) $f(x, y) = 2x^2y + xy^3$

(2) $f(x, y) = 4x^2 - xy - 5y^2$

(3) $f(x, y) = \dfrac{x}{y}$

(4) $Y = 3K^{\frac{1}{3}}L^{\frac{2}{3}}$

(5) $U = XG + G^2$

(6) $\pi = (100 - q_1 - q_2)q_1 - q_1^2$

11.4　全微分

税引き後の金利を 5% として，銀行にお金を預ければ 1 年後には口座の残高が 1.05 倍になります。例えば，100 万円を預ければ 1 年後には 105 万円になります。

ここで預金額に 20 万円を追加しましょう。つまり，100 万円ではなく，120 万円を預けるのです。すると，1 年後の残高は 126 万円になります。100 万円だけ預けるときよりも 21 万円分残高が増えることになります。この関係は次のように表されます。

$$\text{残高の増加分} = 1.05 \times \text{追加した預金} \tag{11.4}$$

ここまでは良いですよね。まあ当たり前の話です。何でこんな当たり前の話をしているかというと，次の関係を理解してもらいたいからです。

関数 $y = f(x_1, x_2, ..., x_n)$ があるとします。ここで，$\partial f / \partial x_1$ は，x_1 をほんの少しだけ増やすと y がどれだけ増えるかを表しています。そして今，x_1 が dx_1 だけ増え，その結果として y が dy だけ変化したとします。このとき，両者には

$$dy = \frac{\partial f}{\partial x_1} dx_1$$

という関係があるはずです。x_1 の増加分 (dx_1) にある倍率 ($\partial f / \partial x_1$) を掛けると y の増加分 (dy) が求められるという意味ですね。ちょうど (11.4) 式と同じ形をしているので確認してください。

さてここで，$f(\cdot)$ を構成する全ての要素が同時に少しずつ変化するケースを考えます。x_1 が dx_1 だけ増え，x_2 が dx_2 だけ増え，$\cdots$ x_n が dx_n だけ増えるという状況です。そしてその結果，y が dy だけ変化するとします。これまでの議論をふまえれば，このときには

$$dy = \frac{\partial y}{\partial x_1} dx_1 + \frac{\partial y}{\partial x_2} dx_2 + ... + \frac{\partial y}{\partial x_n} dx_n$$

という関係が成立することがわかると思います。このように，全ての要素を同時に動かすことを全微分と言います。今までとちょっと雰囲気が違いますが，ただ，本質的な考え方はこれまで習った微分と同じですし，なぜこうなるのかというのはともかく，言っていることはそれほど難しくありません。全ての変数に関して，その変化の比率 ($\partial f / \partial x_i$) と変化量 ($dx_i$) を掛け合わせれば良いだけです。

ミクロ経済学で限界代替率というものを学ぶ際に，この全微分が必要になります。ただ，やや細かい話になりますし，全微分を使いこなせなくても大事なポイントは理解できます。だから，数学の苦手な人はとりあえず無視してもらっても構いません。将来，ひょっとしたら使うかもしれないという程度で心のどこかに留めておくぐらいで良いと思います。

> **練習問題 29**
> $z = 2x^2 + xy + 3y^2$ を全微分せよ。

11.5 条件付き最大化問題

さあ，これで準備完了です。え，まだ続くのって思いました？ いやいや，ここからがこの章の本題ですよ。

今，財布の中に 1000 円入っており，皆さんはこれでチョコレートかビスケットをそれぞれいくつか買うものとします。チョコレートの単価は 10 円，ビスケットの単価は 20 円であり，これらの購入量を x と y で表すこととしましょう。そして，それぞれの財を消費することによって $U = xy$ の満足を得るものとします。経済学ではこれを効用 (utility) と呼びます。例えば，チョコレートを 20 個，ビスケットを 40 枚食べたときの効用は $U = 20 \times 40 = 800$ です。それに対してチョコレートを 60 個，ビスケットを 20 枚食べれば $U = 60 \times 20 = 1200$ の効用を得ます。さて，財布の中身を全て使い切ることとして，チョコレートとビスケットをそれぞれ何個ずつ消費すると，最も高い効用，すなわち満足度を得ることができるでしょうか。

いきなり「満足度」を数式で表されるとギョッとする人がいるかもしれませんね。でもそこに違和感を覚えるかどうかはともかく，財をたくさん消費すると満足度が増えるという関係については，それほど不思議ではないと思います[1]。とすると，その関係を数式で近似してもそれほどおかしなことではないとは言えないでしょうか。まあすぐに納得できないかもしれませんが，経済学ではこれが当たり前のことなので，慣れるようにしてください。

---

[1] もちろん食べ過ぎると気持ち悪くなるとか，太って困るということはありますが，多くの場合，それは 1 日とか 1 週間という短いスパンで物事を考えていることによります。1 年とか 10 年という長いスパンで少しずつ消費すると考えれば，やはり多い方が満足度は高くなるのでしょう。

話を戻しましょう。この問題のポイントは，チョコレートにしろビスケットにしろ，食べられるのならどれだけでも食べたいのですが，残念ながら所得と価格がそれを許してくれないというところにあります。なので，「財布の中身が許す限り」という制約の中で最も満足する組み合わせを探さなくてはなりません。このような問題を**条件付き最大化問題**と言います。

条件付き最大化問題は，最大化したい対象（目的関数）と条件（制約条件）からなります。いま考えているケースなら目的関数は $U = xy$ であり，制約条件は「1000 円で 10 円のチョコレートと 20 円のビスケットをいくつかずつ買うこと」と表されます。ただし，これでは制約条件の表現が長すぎるので

$$1000 = 10x + 20y$$

とシンプルな数式で表現します。左辺が所持金，右辺が価格と購入量を掛け合わせたものであることが確認できれば，この式の意味は理解できるでしょう（第 2.6 節を参照のこと）。

このような問題を解くときには**ラグランジュの未定乗数法**というものを使うのですが，その使い方は次節に譲ることにして，ここでは問題の直感的なイメージを確認しておきましょう。まず，制約条件を図に描いてみます。式を書き直すと

$$y = 50 - \frac{1}{2}x$$

となりますから，図 11.3 のように描かれます。

1 個 10 円のチョコレートと，1 個 20 円のビスケットをそれぞれいくつか買って 1000 円支払うというのは，要するにこの直線上のどこかの点で買い物をするということを意味しています。

次に満足度を表す関数（効用関数）を見てみましょう。第 11.2 節で見たように，$U = xy$ は分数関数として図 11.4 のように描かれます（このような曲線を経済学では**無差別曲線**と呼びます）。第 11.2 節でも確認したように，曲線が右上に行くほど高い効用に対応しています。

11.5 条件付き最大化問題

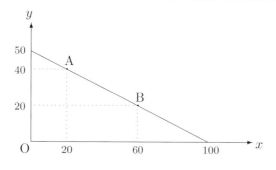

図 11.3 予算制約線

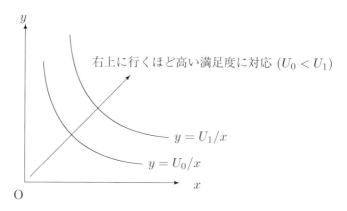

図 11.4 右上ほど高い満足度

本題に戻ります。そもそも何をしていたかというと，$1000 = 10x + 20y$ という予算制約の下で $U = xy$ という満足度を最大化するような x と y の組み合わせを探しているということでした。図 11.3 に図 11.4 の曲線を重ねると図 11.5 のようになります。

ここで 2 つの点 A と点 C を比べてみましょう。点 C の方が右上の曲線上にあるために，より高い満足度に対応していることがわかります。よって，可能であれば消費者は点 C の組み合わせで買い物をしたいのですが，残念

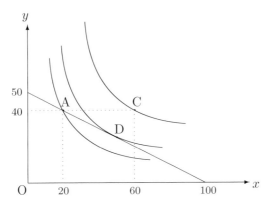

図 11.5　最適な消費量

ながらこの組み合わせは実現不可能です。財布の中にはチョコレート60個とビスケットを40枚買うだけのお金がないからです。繰り返しになりますが，買い物はあくまでも予算制約線上で行われなくてはなりません。

　点Aと点Dを比べてみるとどうでしょうか。この場合，どちらもともに予算制約線上にあるので実現可能です。となると，どちらが望ましいかという問題になります。ここで，それぞれの点を通る曲線を比べると，点Dを通る方がより右上に位置していることがわかります。つまり，点Dで消費する方が，点Aで消費するより高い満足度を実現するということになります。

　もう少し考えてみましょう。点Dより高い満足度を実現する消費の組み合わせは存在するでしょうか。結論を言えば，存在しません。点Dは予算制約を満たす点の中で最も右上に位置する曲線上にあるからです。

　ここまで考えてようやく，答えが見えました。曲線をギリギリまで右上に移動させると，最終的に予算制約線と $y = U/x$ が接します。その接点こそが制約条件の下で消費者の満足度を最大化する点になるのです。

11.6　ラグランジュの未定乗数法

前節で条件付き最大化問題のイメージは理解できたと思います。では，具体的にどのようにその答えを求めればよいかを考えましょう。ここで出てくるのがラグランジュの未定乗数法というものです。これは学部の入門書からプロの研究者が書く論文まで，様々な場面で用いられる極めて有用なツールです。経済学部に籍を置く以上，この使い方を覚えるのは必須と言えるでしょう。できればその理論的背景まできちんと理解して欲しいところですが，とりあえずはそこまで求めません。まずは使い方を習得するところから始めましょう。

〈ステップ 1：定式化〉

これまで，「x 財の価格が 10，y 財の価格が 20 であるときに 1000 円の所得という制約内で効用 $U = xy$ を最大化するように x と y を選択する」というような言い方をしてきましたが，このようなダラダラした言い方は文章が長くなるために，読み手にコンパクトに情報を与えることができなくなります。そこで，このような条件付き最大化問題を，数式を使って以下のように簡単に表記します。余談ですが，数学を使うとややこしい文章がこんなにシンプルになるのですね。よく「数学は最も厳密な言語だ」と言う人がいますが，このような例を見るとなるほどと膝を打ちたくなります。

$$\max_{x,y} \quad U = xy$$
$$\text{s.t.} \quad 1000 = 10x + 20y$$

"s.t." というのは subject to の略字で，「〜を制約として」という意味です。この場合は制約条件が 1 つだけですが，場合によっては複数の制約がつくときもあります。

さて，解き方です。とにかく理由はさておき，まず次のような関数を作ってください。

$$L = xy + \lambda(1000 - 10x - 20y)$$

ここで L はラグランジュ (Lagrange) の頭文字をとったもので，ラグランジュ関数と呼ばれます．ラグランジュ関数を作るには，第 1 項に目的関数，第 2 項に制約条件（を全て左辺に移項したもの）をおきます．その際に制約条件には $\overset{\text{ラムダ}}{\lambda}$ というわけのわからないものを掛けておきます．なぜこんなものが突然出てくるのかはあまり気にしなくても良いですが，実はこれも変数であるということだけは覚えておいてください．よって，上のラグランジュ関数には 3 つの変数 (x, y, λ) が存在します．

〈ステップ 2：偏微分〉

次に，L を 3 つの変数について偏微分して，等号でゼロと結びます．

$$\frac{\partial L}{\partial x} = y - 10\lambda = 0 \tag{11.5}$$

$$\frac{\partial L}{\partial y} = x - 20\lambda = 0 \tag{11.6}$$

$$\frac{\partial L}{\partial \lambda} = 1000 - 10x - 20y = 0 \tag{11.7}$$

これらが一階の条件と呼ばれる式です[2]．何で偏微分？ 何で λ ？ とかいろいろと疑問はあるでしょうが，とにかくここは黙って従いましょう[3]．要するに微分してゼロとおくと関数の最大点・最小点を求めることができるという法則の応用だと思ってください．

〈ステップ 3：連立方程式を解く〉

最後に x, y, λ の 3 つの変数について，(11.5)～(11.7) の 3 本の方程式を用いて解きます．具体的には (11.5)(11.6) の左辺第 2 項を右辺に移項して

$$y = 10\lambda \tag{11.8}$$

$$x = 20\lambda \tag{11.9}$$

---

[2] 一階の条件があるということは二階の条件もあるということです．1 変数関数のときにも見たように，二階の条件は極大か極小かを判断するために用いられます．

[3] ラグランジュの未定乗数法について詳しく知りたい人には竹之内 (2009) がわかりやすいと思います．

11.6 ラグランジュの未定乗数法

と変形し，(11.8) を (11.9) で割ると

$$\frac{y}{x} = \frac{10}{20}$$

となり，ここから

$$10x = 20y \tag{11.10}$$

を得ます。この式を (11.7) に代入すると最終的に

$$x = 50, \quad y = 25$$

が答えになります。なお，この問題を解くに当たっては λ を知る必要はありません。x と y が求められれば当面はそれで十分です。

練習問題 30

(1) 効用関数が $U = xy$ と表され，x 財の価格が 3，y 財の価格が 1，所得が 120 であるとき，x 財と y 財をそれぞれ何個ずつ消費すれば効用が最大となるか。

(2) 効用関数が $U = x^{\frac{1}{3}} y^{\frac{2}{3}}$ と表され，x 財の価格が 3，y 財の価格が 1，所得が 120 であるとき，x 財と y 財をそれぞれ何個ずつ消費すれば効用が最大となるか。

練習問題 31

$x^2 + y^2 = 25 \ (x > 0, y > 0)$ という制約条件の下で $2x + y$ を最大化したい。x と y をそれぞれいくつにすればよいか。

第 IV 部

日常生活でも役立つ数学

第12章

統計でデータを読む

> **考えてみよう！**
>
> ある国の経済成長率が1年目3%，2年目11%，3年目9%，4年目1%だったとする。このとき，4年間の平均成長率は何%か。

12.1 統計学という武器

12.1.1 ○○を制す者は…

「○○を制す者は世界を制す」という言葉はいろいろなところで用いられています。古くは「海を制す者は世界を制す」でしたし，飛行機の発明以降，それは「空を制す者」に変わりました[1]。スポーツの世界では「左を制す者は —」，「リバウンドを制す者は —」，「中盤を制す者は —」などとも言われています。

では，この表現を現在の社会に当てはめるとどのような言葉が入るでしょうか。たぶん，考えるまでもないですね。軍事やスポーツだけでなく，ビジ

---

[1] 「海を制する者は —」の発言者として何人かの名前が挙がるのですが，最も古いのは，紀元前500年頃のアテナイの政治家であり軍人でもあったテミストクレスだそうです。つまり，この言葉はすでに2500年の歴史を持っているらしいです。

ネス，学問，政治などあらゆる場面でこの言葉が当てはまるでしょう。すなわち，

「データを制す者は世界を制す」

　もちろん，データの重要性は昔から認識されていました。しかしデータ自体がそれほど整備されていなかったり，データ分析を行うためのハードもソフトも充実していなかったりという理由で，データに基づいた議論をするのが難しかったという制約がありました。しかし，現代になってその制約は解消されつつあります。国家的なプロジェクトから小さなビジネスまで，様々な局面でデータの活用が勝負の行方を左右する時代になったのです。

　それを象徴する出来事が，アメリカのメジャーリーグチーム，オークランド・アスレチックスの躍進です。1995年から1999年までの5年間で勝ち越したシーズンは1度だけ，その間の成績は371勝421敗，勝率4割6分8厘という弱小チームが，2000年代に入ると突如勝ち始めたのです。2000年から2006年の7年間で，地区優勝が4回，ワイルドカードによるプレーオフ進出が1回で，その間の成績は664勝469敗，勝率5割8分6厘でした。これは同時期のヤンキースの679勝451敗と比べてもほとんど遜色ありません。

　特筆すべきはアスレチックスの選手の年俸総額がリーグでも最低レベルであったということです。ヤンキースの半分以下，時には3分の1程度の予算で，アスレチックスはアメリカンリーグ・西地区のトップに君臨していたのです。

　それを可能にしたのは，セイバーメトリクスという統計学の応用です[2]。アスレチックスの分析班は，半ば常識となっていた慣習やセオリーをいっさい見直し，細かなデータ収集，徹底的なデータ分析を行ってきました。それによって，ベテランスカウトが見落としてしまった選手やチームで冷遇されていた選手の中からダイヤの原石を発掘し，安く獲得することができたので

---

[2] マイケル・ルイス著，中山宥訳，『マネーボール』，ランダムハウス講談社，2004年

す。これがアスレチックスの魔法のタネです。

しかし，1つのチームが躍進すれば，当然他のチームも黙っていません。今では多くのチームがセイバーメトリクスを用いたチーム編成を行っています。また，その分析手法も年々進歩しているため，アスレチックスはかつてほど勝つことができなくなりました。つまり，時代はすでに「データを利用したチームが勝つ」のではなく，「データを活用しなければ舞台にも立てない」，あるいは「データを最もよく活用したチームが勝つ」という段階に移行しています。

12.1.2 統計学こそ国民の必修科目

以前，経済学の研究者が何人かで話をしていたときに，「経済学を全ての人間が勉強する必要はないけど，統計学の基本的な考え方と金利の計算方法については高校までの必修内容にすべきだよね」という意見で一致したことがあります。

身長や体重に始まり，期末テストの点数，給料，貯蓄，勤め先の会社の利潤や売上，GDP，失業率，物価水準など，私たちは好むと好まざるとにかかわらず，日々いろいろな数字に囲まれて生活しています。統計学は，このような数値をどのように処理するかを教えてくれるわけですから，ある意味，最も実用的な学問であると言えるかもしれません。

文部科学省は，ここ数回の学習指導要領の改定の中で小中高いずれの過程においても統計学習を重視する方針を打ち出しています。そのことは高く評価されるべきでしょう。

統計データを読み取る習慣を身につけると，数字に強くなるだけでなく，自分の思い込みがいかにあやふやなものかを理解できるようになります。つまり，思い込みを排除して，客観的にものを見るための訓練としても統計学は役に立ちます。また，世の中にはもっともらしい数字を使って自分に都合の良い話をしたり，時には他人を騙そうとする人がいます。しかし，データの見方を知っていれば，相手のウソを見破ったり，相手の主張と違う見解を

提示することができるようになります。

　そんな御利益のある統計学ですから，皆さんには可能な限りしっかりとした勉強をしてもらいたいと思っています。そのために，ここではとりあえず，統計的な分析をする際に最低限必要な知識と考え方を紹介します。統計学の頂はもっと遙か高くにあり，ここで触れられるのはほんのわずかな部分だけですが，少なくとも最初の一歩を踏み出さなければどこにも進むことはできません。まずは統計学の持つ面白さや統計データが持つ落とし穴を具体的に見ながら，統計学を学ぶための一歩を踏み出してみましょう。

12.2　度数分布表とヒストグラム

　あるクラスの期末試験の結果が表 12.1 のようであったとします。

18	38	80	49	70	40	18	70	70	73	55	15	55
52	20	34	17	64	44	40	49	47	35	78	50	100
48	70	37	76	67	38	39	80	20	80	46	48	20

表 12.1　あるクラスのテストの点数

　全部で 39 人分のデータがそろっています。点数の高い人も低い人もいます。0 点はいないみたいですが，100 点はいます。全体的に見て点数はあまり高くないでしょうか。何となく 40 点台が目立つ気がしますが，個別データを見るだけでは全体的な傾向はわかりません。

　そこで，この特徴を把握するために，20 点ごとに何人いるかを数えてまとめます。20 点という区分は大きすぎじゃない？　と思った人はなかなか鋭いですね。その理由は後でわかりますから，とりあえずここでは気にしないでください。

　データの数を階級ごとに表にしたものを**度数分布表**と言い，それを図にしたものを**ヒストグラム**と言います。それぞれ，表 12.2 と図 12.1 に対応して

12.2 度数分布表とヒストグラム

います。

点数	度数（人）
0〜19 点	4
20〜39 点	9
40〜59 点	13
60〜79 点	9
80〜100 点	4

表 12.2　度数分布表

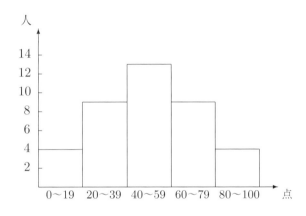

図 12.1　ヒストグラム

　こうして表にしたりグラフにしたりすると，全体の特徴や傾向が見やすくなりますね。40〜59 点のところで最も盛り上がって，そこからきれいに左右対称になっています。

　データを可視化することで得られるものはたくさんあります。データ分析の最初のステップは様々な個別データを加工することから始まります。最近はパソコンやソフトも高性能になったので，ちょこちょこっと操作するだけでたちどころに見栄えの良い資料ができて，とても便利です。

ただ，ここに1つ落とし穴があります。見やすさを追求してしまった結果，その裏に隠れている重要なメッセージを見落としてしまうかもしれません。あまりにも簡単に表や図を作ることができると，個別データをしっかりと眺めるという作業を怠ってしまう可能性があります。

例えば，図12.1では階級を0〜19点，20〜39点というように区切りました。これをちょっとずらして，0〜20点，21〜40点というようにしてみましょう。すると，面白いことが起きます（図12.2）。できれば，表12.1のデータを使って皆さん自身でもヒストグラムを描いてみてください。

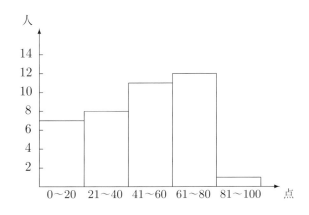

図12.2　1点ずらしたケース

元々のデータは全く同じなのですが，図12.1と図12.2ではずいぶん印象が違います。階級の境界点をたった1点ずらしただけでこんなことが起きてしまうのですね。例えばゼミ発表などで図12.1と図12.2を順番に見せられたときに，両者が同じデータから作られたことを見抜ける人はほとんどいないでしょう。

ところで，先ほど20点という間隔はあまりにも大きすぎるというようなことを書きました。そこで，今度は0〜9点，10〜19点，…と，10点刻みのヒストグラムを作ってみましょう。先ほどと同様に，できれば自分で実際に

12.2 度数分布表とヒストグラム

描いてみてから先に進んでください。

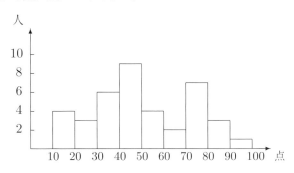

図 12.3　10 点刻みのヒストグラム

これもまた図 12.1 と比べるとずいぶん印象が違います。図 12.3 では中心で盛り上がるどころか，50〜59 点，60〜69 点のところでボコッとへこんでしまっています。左右対称にも見えません。

もちろん，表 12.1 のデータはわざとこうなるように作ってあります。現実には，ちょっと区切りを変えたからといってここまで極端に印象が変わることは少ないでしょう。でも，図を作るときにはこのような危険性を常に頭に入れておかなければいけません。データを扱うときには安直にまとめるのではなく，いろいろな可能性を想定するというクセをつけておく必要があるのです。

また残念なことに，このような特徴を利用して，他人を騙そうとする人も世の中にはいます。そこまで意図的でないにしても，ついつい自分の主張に都合の良い資料を作ってしまうのはよくあることです。統計学を学ぶというのは，こういう手段に騙されないようになるということでもあります。このような話に興味のある人には，『統計でウソをつく法』や『社会調査のウソ』という本を勧めます[3]。どちらも名著です。

---

[3] ダレル・ハフ著，高木秀玄訳，『統計でウソをつく法――数式を使わない統計学』講談社，

12.3 平均値

ある集団に関して何らかのデータをとったとき，その集団の特徴を表すには代表的な数値を示すことが有効です。この代表値として最も重要なものは**平均値**です。

平均値の概念を理解していない人はさすがに本書の読者にはいないと思います。しかし，平均値というのは意外と奥が深くて，誤解されている部分も多々あります。例えば，単純に「平均」と言ってもいくつかの種類があるのですが，皆さんはご存じでしょうか。

12.3.1 算術平均

まずは算術平均から見ていきましょう。これは相加平均とも呼ばれ，まさに世間一般で「平均」と見なされているものです。n 個のデータの値を $(x_1, x_2, ..., x_n)$ とすると，

$$算術平均値 = \frac{x_1 + x_2 + ... + x_n}{n} = \frac{\sum_{i=1}^{n} x_i}{n}$$

と定義されます（$\sum$ の記号の意味，覚えてますか？）。例えば $(2, 3, 6, 9)$ という 4 つのデータの平均値は $(2+3+6+9)/4 = 5$ となります。

12.3.2 幾何平均

次に幾何平均を考えます。相乗平均とも呼ばれ，次のように定義されます（根号や $\prod$ の使い方も思い出してください）。

$$幾何平均値 = \sqrt[n]{x_1 \times x_2 \times ... \times x_n} = \sqrt[n]{\prod_{i=1}^{n} x_i}$$

1968 年
谷岡一郎著『社会調査のウソ —— リサーチ・リテラシーのすすめ』文藝春秋，2000 年

12.3 平均値

幾何平均が用いられる例を1つ挙げましょう。この章の冒頭で尋ねたように，ある国の経済成長率が1年目3%，2年目11%，3年目9%，4年目1%だとすると，4年間の平均成長率はいくつになるかという問題を考えてみてください。皆さんはどんな答えを出すでしょう。

ついつい気軽に

$$\frac{3\% + 11\% + 9\% + 1\%}{4} = 6\%$$

と答えてしまったとしたら，これは間違いです。というのは，仮に毎年6%の成長をしたという答えが正しいとすると，この国の4年後の経済規模は

$$1.06^4 \fallingdotseq 1.2625 \text{ 倍}$$

になっているはずだからです。ところが，設問のような状況では，

$$1.03 \times 1.11 \times 1.09 \times 1.01 \fallingdotseq 1.2587 \text{ 倍}$$

にしかなりません。この値が違うということは，最初の6%という答えが違うということになります。実際には，もう少し低い成長しかしていないのです。

正しくは次のように考えます。平均成長率をgとすると，4年後の経済規模は$(1+g)^4$倍になります。よって，次の等式が成立するはずです。

$$(1+g)^4 = 1.03 \times 1.11 \times 1.09 \times 1.01$$

これを変形すると

$$1 + g = \sqrt[4]{1.03 \times 1.11 \times 1.09 \times 1.01} \fallingdotseq 1.0592$$

となって，4年間の平均成長率が5.92%と求められます。

ここでの計算過程で使われている考え方は，まさに幾何平均です。このように，経済成長率や利子率の平均を求めるときは，算術平均ではなく幾何平均を用いるのです。

12.3.3　調和平均

最後に調和平均を紹介しましょう。これは次のように定義されます。

$$調和平均値 = \frac{n}{\frac{1}{x_1} + \frac{1}{x_2} + ... + \frac{1}{x_n}} = \frac{n}{\sum_{i=1}^{n} \frac{1}{x_i}}$$

こうやって数式で表されると，何やらわけのわからないことを言っているようにしか見えませんが，実は意外と身近な問題に関係しています。

次のような問題を考えてください。A 地点から B 地点まで，往きは時速 45km で走り，帰りはちょっとゆっくりと時速 30km で走ったとします。さて，往復合わせた平均速度はいくつでしょうか。

単純に $(45 + 30)/2 = 37.5$km/h とやってはダメです。A 地点から B 地点までの距離を a km とすると，往きにかかった時間は $a/45$ 時間になります。同じように考えて，帰りにかかった時間は $a/30$ 時間です。つまり，往復合わせてかかった時間は，

$$\frac{a}{45} + \frac{a}{30}$$

と表されます。

一方，往復の距離は $2a$ です。よって，往復の平均速度は，距離を時間で割って

$$往復の平均速度 = \frac{往復の距離}{往復の時間} = \frac{2a}{\frac{a}{45} + \frac{a}{30}} = \frac{2}{\frac{1}{45} + \frac{1}{30}} = 36$$

と計算されます。上の式と比べればばわかるように，これはまさに調和平均の考え方です。どうでしょう，そんなに奇抜な発想の平均でもないような気がしてきませんか。

以上，ここまで見てきたように，平均と一口に言ってもいろいろなものがあります。調和平均はともかく，経済学部生であれば幾何平均は覚えておい

た方が良いでしょう．なお，一般的に「平均」と言えば算術平均を表しますので，以下でもその意味で「平均」という言葉を使います．

12.4　その他の代表値

　平均値に関するよくある誤解として，「平均は真ん中を意味している」とか「平均値の付近に最も多くのデータがある」というものがあります．例えば，週刊誌などが時々，職業別の平均年収を特集することがあるのですが，「弁護士の平均年収は○○万円」という数字を見ると何となく多くの弁護士がそのぐらいの金額を受け取っていると思ってしまいませんか？

　これは明確に誤解であると言いづらい面もあります．例えば，あるクラスの小テスト（10点満点）の結果が図12.4のヒストグラムで表されているとしましょう．

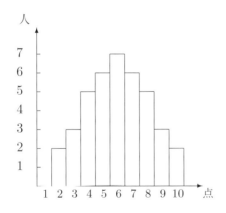

図 12.4　あるクラスの小テストの結果

　このようにきれいに左右対称になっている場合，平均点はデータのちょうど真ん中を表しており，また最も多く見られる値と一致する傾向にあります．

しかし，現実のデータがこんなにきれいになるとは限りません。図12.5のように右（あるいは左）に傾いたり，図12.6のように山が2つになったりするのもよくあることです。このようなときは，「平均値＝データの真ん中」「平均値＝最も多く観察される値」という関係が成立しません（実際に計算してみるとわかりますが，図12.4から図12.6までのデータは全て平均値が6点です）。また，外れ値と呼ばれる極端に大きな値や小さな値がデータの中に混ざっているときも，おかしなことが起こります。

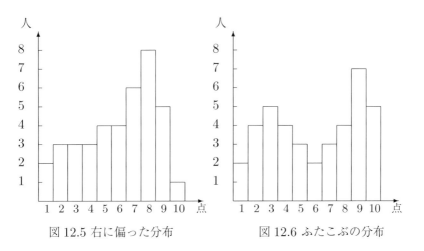

図12.5 右に偏った分布　　　図12.6 ふたこぶの分布

平均値はわかりやすく，とても重要な意味を持っています。これは間違いありません。しかし，平均値だけでその集団の特徴を表すことには問題があります。これは図12.4から図12.6を見れば明らかでしょう。

なお，いろいろなデータを観察すると，動物の大きさや重さなど自然界に現れる様々な分布は左右対称になっているようです。しかし，所得や資産といった経済的な指標に関する分布は歪んでいるものも少なくありません。だから，経済問題を扱うときには常にこのことを意識する必要があります。

そこで，ある集団の特徴を理解したければ，平均値をきちんと確認した上で，平均値以外の指標にも注目しなければなりません。ここでは，**メディアン**（**中央値**）と**モード**（**最頻値**）を紹介しましょう。

12.4 その他の代表値

メディアンはデータを順番に並べたときに，上から数えても下から数えてもちょうど真ん中にくる値のことです。モードはデータの中で最も多く観察される値です。図 12.4 から図 12.6 のデータに関して平均値，メディアン，モードをまとめると表 12.3 になります。自分でも確認してみてください。

	図 12.4	図 12.5	図 12.6
平均値	6 点	6 点	6 点
メディアン	6 点	7 点	6 点
モード	6 点	8 点	9 点

表 12.3　平均，メディアン，モード

大雑把に言って，図 12.5 のように分布の形が右側に傾いている場合には「平均値＜メディアン＜モード」となりやすく，逆に左側に傾いているときには「平均値＞メディアン＞モード」となりやすいと言えます（もちろん例外もあります）。

いくつかのデータに関して，実際に自分でヒストグラムを作り，平均値，メディアン，モードをそれぞれ調べるという作業を何度か行うと，この 3 つの代表値を見るだけで大雑把なデータの分布の形を想像することができるようになります。そうなったら統計データを読むのが楽しくなってきます。もし興味があれば，総務省が公表している「家計調査」や国税庁が公表している「民間給与実態統計調査」などを見て，貯蓄額や給与の平均とメディアンを確認すると面白いですよ。

練習問題 32

あるクラスにおける小テストの結果が次の通りであるとする。このデータの度数分布表とヒストグラムを作り，平均点，メディアン，モードをそれぞれ求めよ。

```
3  5  2  2  1  2  2  5  4  1  10
4  2  7  7  5  3  3  4  1  3   1
2  9  2  8  4  6  3  3  4  6   8
```

12.5 データの散らばり具合を表す値

12.5.1 分散と標準偏差

平均値，メディアン，モードが全て同じであったとしても特徴が異なるデータというのは存在します。例えば，6人のグループが2つあり，各自の月々の給与が次のように表されているとしましょう。

個人	A	B	C	D	E	F
給与（万円）	24	30	30	30	30	36

表 12.4　グループ 1

個人	G	H	I	J	K	L
給与（万円）	0	6	30	30	54	60

表 12.5　グループ 2

計算するとわかるように，グループ1もグループ2も給与の平均値，メ

12.5 データの散らばり具合を表す値

ディアン,モードは全て 30 万円で同じです.しかし,個別の数値を見れば両者の特徴が異なっていることは明らかでしょう.グループ 1 は全員がほぼ同じぐらいの給与を受け取っているのに対し,グループ 2 ではかなりの格差が存在します.

このような例を考えると,そのグループの特徴を語るには,平均値やメディアンといったデータの中心を表す指標だけでは不十分であることがわかります.そこで提唱されるのが,データの散らばり具合を示す**分散**という考え方です.

覚えよう!

$$\text{分散} = \frac{\text{偏差の 2 乗を全て足したもの}}{\text{データ数}}$$

いきなり難しそうな雰囲気を漂わせていますので,図を使ってその意味を考えてみましょう.

図 12.7 には左から右に数直線が描かれており,その上にグループ 1 の各自の給与が示されています.B, C, D, E の給与は平均値と一致していますが (30 万円のところで 4 つの点が重なっているわけですね),A と F の給与は平均値から外れています.ここで,給与の平均値と A や F の給与の差を「偏差」と呼びます.これは,図中における平均からの距離で表されます.

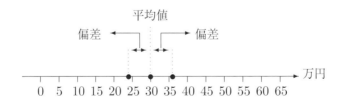

図 12.7 分散の考え方(グループ 1)

同様に,図 12.8 にはグループ 2 の給与が示されています.図 12.7 と比べ

れば，数直線上の散らばり具合は明らかにグループ2の方が大きいですね。そして当然のことですが，偏差の値もグループ2の方が大きくなります。

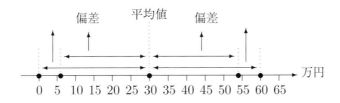

図 12.8　分散の考え方（グループ2）

これを逆から考えれば，あるデータの散らばりが大きいかどうかは偏差を調べれば良いということになります。偏差を調べるのには，単にそれぞれのデータの値から平均値を引けば良いだけなので簡単です。しかし，ここで1つ問題があります。それは，どんなデータでも偏差を全て足すと必ずゼロになるということです。これでは全体の偏差の大きさがわかりません。具体的にグループ1のデータを利用して確認しましょう。

グループ1において給与の平均値は30万円で，これはB, C, D, Eの給与と一致しています。よって，彼らの給与の偏差はゼロです。一方，AとFの給与は平均値から外れており，偏差が存在します。それぞれの値を計算すると次のようになります。

$$Aの給与の偏差 = Aの給与 - 平均値 = -6$$
$$Fの給与の偏差 = Fの給与 - 平均値 = 6$$

A〜Fの全ての個人の偏差を足すと，ゼロになりますね。同じようにグループ2について計算してみても，やっぱりゼロになります（自分で確かめてください）。ちょっと考えればわかるように，実はこれは当たり前の話で，そもそも平均値というのはそうなるように求められているものなのです。だから，単純に偏差を全て足すというだけではうまくいきません。データの散らばり具合を見るために，もう一工夫が必要になります。

12.5 データの散らばり具合を表す値

偏差というのはプラスにもマイナスにもなって，そのために足すとゼロになってしまうわけですから，1 つの解決策としては偏差の絶対値を足すという手があります。しかし，絶対値のついた式を計算するというのは意外と面倒で，これはあまりよろしくありません。

そこでもう 1 つの解決策として，偏差を全て 2 乗して足すという方法があります。実数を 2 乗したものがマイナスになることはないので，これなら「平均からの距離の大小」を比較することができます。もう一度，分散の定義を見てみましょう。

$$分散 = \frac{偏差の 2 乗を全て足したもの}{データ数}$$

あるいは，数式を使うと次のようになります。なお，$\bar{x}$ は $x_1, x_2, ..., x_n$ の平均値です。

$$分散 = \frac{\sum_{i=1}^{n}(x_i - \bar{x})^2}{n}$$

最初にこの定義を見たときに意味がわからなかった人も，これでわかるようになったのではないでしょうか。偏差の意味や 2 乗することの目的がわかれば，計算としては（面倒ではあるけど）それほど難しいものではありません。そしてここが大事なのですが，この「掛けて足す」という感覚は統計学で相関係数を計算したり，計量経済学で最小二乗法を学んだりするときにとても大切になります。だから，できればここまでの話は中身も含めてきちんと理解しておいてください。

なお，分散を計算するときに偏差を 2 乗して足しました。2 乗すると数値の単位が変わってしまいますから（例えば長さ (m) を 2 乗すると面積 (m^2) になりますね），これを使って分析すると時々困ったことが起こります。そこで，単位を元に戻すために分散を 1/2 乗したものを考えます。これを**標準偏差**と言います。

> 覚えよう！
>
> 標準偏差 = $\sqrt{分散}$

標準偏差を英語で Standard Diviation と言います。理系など実験系の分野では，この頭文字をとって SD と省略して言うことが多いので，この言い方も覚えておいた方が良いかもしれません。

12.5.2 現実に使われている標準偏差

標準偏差はどんな統計データでも重要な指標ですし，統計学をさらに進めて「検定」をするようになると，標準偏差なしでは何もできなくなります。ただ，そこまで難しい話をしなくても，標準偏差は私たちの普段の生活でも意外と使われています。

皆さんがある程度お金を貯めたとしましょう。そして低い金利で眠らせておくのはもったいないということで株や債券などを使って資産活用を考えたとします。

当然ながら，このような金融商品にはリスクがあるのですが，実はこの「リスク」の程度を表すのに金融の世界では標準偏差が用いられます。株価の変動率の標準偏差（散らばり具合）が大きな株を「リスクの高い株」，変動率の標準偏差の小さな株を「リスクの低い株」と言うのですね。

一般的に使われる「リスク」という言葉にはいくつかの意味があるようですが，強いて言えば「困った事態が起きる可能性」という意味で使われることが多いようです。しかし，金融の世界ではそのような意味では使いません。これは単なる定義の問題ですけど，そのことを知らなかったためにトラブルに巻き込まれたという話は時々聞きます。

だから，皆さんが金融関係の職に就いた場合はもちろんのこと，一人の社会人として自分の資産を管理する際にも，せめてこの標準偏差という考え方ぐらいは知っておく必要があります。

標準偏差が私たちの生活に密接に関係しているもう1つの例として，試験

を受けたときの**偏差値**があります。皆さんも大学入試ではこの偏差値に振り回されてきたかもしれません。その定義は次のようになっています。

$$偏差値 = 50 + \frac{得点 - 平均点}{標準偏差} \times 10$$

　偏差値を決める要素は 3 つあります。最初はもちろん自分の得点。これが高ければ，偏差値も高くなります。当たり前ですね。次に平均点。自分の点数が高くても，平均点が高ければ偏差値は低くなります。逆に自分の得点が低くても，他の人たちの点が低ければ偏差値は高くなります。

　そして最後に標準偏差です。上の式を見て，偏差値の定義式に標準偏差が入っていることを確認してください。例えば，自分の得点が 75 点，平均点が 60 点のテストで標準偏差が 20 だとします。このとき，偏差値は

$$偏差値 = 50 + \frac{75 - 60}{20} \times 10 = 57.5$$

と計算されます。ここで，自分の得点が 75 点，平均点が 60 点のまま標準偏差が 10 になると（散らばり具合が小さくなると），

$$偏差値 = 50 + \frac{75 - 60}{10} \times 10 = 65$$

と大幅に上昇します。標準偏差の値も，意外に偏差値に大きな影響を与えることがわかります。

　自分の得点が平均点を上回っている状況なら，標準偏差が小さいときほど高い偏差値がつきます。逆に自分の得点が平均点を下回っているときには，標準偏差が小さいときほど偏差値が低くなります。

12.5.3　計算方法

　ここまでは分散や標準偏差の定義や意味を確認しました。ここからはその求め方を，表 12.5 を例にとりながら見てみましょう。具体的な手順は次の通りです。

(1) 平均値を求める
(2) それぞれのデータに関して，偏差を求める
(3) 偏差を 2 乗する
(4) (3) の値を全て足す

最近はこういう作業は全てコンピュータがやってくれるのですが，最初のうちは自分の手で計算して感覚を養うというのも大事です。皆さんも面倒くさがらずに，とりあえずは紙と鉛筆で計算してみましょう。

まず平均値を求めます。

$$平均値 = \frac{0 + 6 + 30 + 30 + 54 + 60}{6} = 30$$

次に，偏差と偏差の 2 乗を求めます。その結果をまとめたのが表 12.6 です。

個人	G	H	I	J	K	L
給与（万円）	0	6	30	30	54	60
偏差	-30	-24	0	0	24	30
偏差の 2 乗	900	576	0	0	576	900

表 12.6　分散の計算方法

これらの値を定義式に当てはめると，分散と標準偏差がそれぞれ求められます。

$$分散 = \frac{900 + 576 + 0 + 0 + 576 + 900}{6} = 492$$
$$標準偏差 = \sqrt{492} \fallingdotseq 22.2$$

これでできあがりです。手順としてはそんなに難しいものではないのですね。練習問題を解きながらしっかりと理解しておいてください。

> **練習問題 33**
>
> あるクラスにおける小テストの結果が次のように表されている。このデータについて、平均値、分散、標準偏差をそれぞれ求めよ。
>
> | 個人 | A | B | C | D |
> |---|---|---|---|---|
> | 点数 | 4 | 8 | 12 | 16 |

12.6　2変数の相関関係

12.6.1　共分散と相関係数

　これまではデータが1種類だけのケースを扱ってきましたが、最後にデータが2種類のケースを考えます。ここでは第6章で見た1人当たりGDPと平均寿命を例として見ていきましょう。

　変数が2つになると、それぞれの関係を知りたくなります。一方が上がるともう一方も上がる（正の相関がある）のか、あるいは一方が上がるともう一方は下がる（負の相関がある）のかということです。それを知るために、まずは2つの変数の組み合わせを図にするところから始めます。第6章では、図6.1、図6.2を示しました。このような図を散布図と言います。散布図を見れば、2つの変数にどのような関係があるかが大まかにわかります。しかし、見た目だけで判断するわけにはいきません。そこで、その関係を数値で表すことを考えます。それが**共分散**や**相関係数**です。

　共分散は2種類の変数の組み合わせの散らばり具合を示す値です。データ $(x_1, x_2, ..., x_n)$ と $(y_1, y_2, ..., y_n)$ が対応しているとして、それぞれの平均値を $\bar{x}$, $\bar{y}$ とすると、

$$共分散 = \frac{\sum_{i=1}^{n}(x_i - \bar{x})(y_i - \bar{y})}{n}$$

と定義されます。つまり，2つのデータの偏差の積を足し合わせた上で，データの数で割るのです。雰囲気は分散の定義と似ていますね。

この値がどんな意味を持っているのかをもう少し詳しく見ていきましょう。仮に x_i と y_i に負の相関関係があるとします。このとき，一方が平均値より大きいと，もう一方は平均値より小さくなるという傾向が成り立ちそうです。つまり，$x_i - \bar{x} > 0$ ならば $y_i - \bar{y} < 0$ となりやすいということです。その場合，両者の積は $(x_i - \bar{x})(y_i - \bar{y}) < 0$ となります。そしてその結果，それらを足し合わせた共分散の値も負になるでしょう。この関係を逆算すれば，共分散が負の値を取るときには，2つの変数には負の相関関係がありそうだということになります。

また同じロジックで，共分散が正の値を取れば，2つの変数には正の相関があるということにもなります。つまり共分散は，2つの変数に正の相関があるのか負の相関があるのかについて一種の判断材料を与えてくれるのです。

具体的に計算してみましょう。計算過程をわかりやすくするために，ここではデータを簡略化して表12.7のようにA〜Eの5つの国しかない情況を考えます[*4]。また，1人当たりGDPの単位を「万ドル」にしておきます。

国	A	B	C	D	E
1人当たりGDP (x_i)	10	5	3	1.5	0.5
平均寿命 (y_i)	80	80	75	60	55

表12.7　5つの国の1人当たりGDPと平均寿命

まず，それぞれの平均値を求めます。

$$1人当たりGDPの平均値：\bar{x} = \frac{10 + 5 + 3 + 1.5 + 0.5}{5} = 4$$

[*4] 実際のデータ分析をする際に，サンプル数が少ないとあまり意味はありません。皆さんが実際に分析するときはもっと多くのデータを集めてください。

12.6 2変数の相関関係

平均寿命の平均値：$\bar{y} = \dfrac{80 + 80 + 75 + 60 + 55}{5} = 70$

次にそれぞれのデータの偏差と，偏差の積を求めて表 12.8 を作ります。

国	A	B	C	D	E
1人当たり GDP の偏差 $(x_i - \bar{x})$	6	1	-1	-2.5	-3.5
平均寿命の偏差 $(y_i - \bar{y})$	10	10	5	-10	-15
偏差の積 $(x_i - \bar{x})(y_i - \bar{y})$	60	10	-5	25	52.5

表 12.8　共分散の求め方

偏差の積を足します。

$$\sum (x_i - \bar{x})(y_i - \bar{y}) = 60 + 10 - 5 + 25 + 52.5 = 142.5$$

最後にこの値をデータの数 $(n = 5)$ で割ればできあがりです。

$$共分散 = \dfrac{142.5}{5} = 28.5 \ (> 0)$$

共分散が正の値を取ることから，表 12.7 の 2 つの変数は正の相関を持つと考えられます。

ところで，共分散が大きいと相関関係が強く，共分散が小さいと相関関係が弱いと言うことはできるでしょうか。残念ながらそれはできません。例えば，表 12.7 で 1 人あたり GDP の単位を「万ドル」から「ドル」にすると，共分散の値が 1 万倍になってしまいます。このように，同じデータを使っても，単位を変えると大きさが変わってしまうという問題を共分散は抱えています。よって，共分散の大きさを見ても相関度の強さはわからないのです。

その問題を解決するために考えられたのが相関係数です。相関係数は次のように定義されます。

$$相関係数\ (r) = \dfrac{共分散}{x の標準偏差 \times y の標準偏差}$$

こうすることで，r は必ず -1 から 1 の間の値をとることになります。なぜそうなるのかはややこしいので，その説明は専門書に譲るとして，ここでは $-1 \leqq r \leqq 1$ を前提に相関係数の意味を理解してもらうことにします。

2つの変数の相関係数が 1 に近いとき，両者は非常に強い正の相関関係にあると考えられます。逆に相関係数が -1 に近いときには非常に強い負の相関関係にあります。r が正であれ負であれ，大雑把にその絶対値が 0.7 から 1 の間にあれば強い相関があると考えて良いでしょう。

一方，相関係数が 0 に近づくと相関が弱いことを意味します。$-0.2 \leqq r \leqq 0.2$ であれば2つの変数にはほぼ相関がないと見なされます。

ただし，この 0.7 や 0.2 という数字に何らかの根拠があるわけではないので（人によっては 0.3 を弱い相関の基準と見なすこともあります），細かくこだわる必要はありません。経験的にこれぐらいかなという程度の大雑把な基準です。

表 12.7 のケースでは，1人当たり GDP の標準偏差は 3.36，平均寿命の標準偏差は 10.49 となります（それぞれ自分で計算してみてください）。これらの数値を相関係数の式に当てはめると

$$相関係数 = \frac{28.5}{3.36 \times 10.49} \fallingdotseq 0.81$$

という値になります。

12.6.2 身長と体重

この章の最後に，少し数字で遊んでみましょう。まず，日本野球機構（NPB）と，日本サッカーリーグ（Jリーグ）に登録されている選手のデータを用意します。登録されている選手の数は，NPB で 1041 名，Jリーグは入れ替わりが激しいので日によって違いますが，2024 年 8 月 17 日時点で 671 人（J1 のみ。二種登録も含む）です。ここでは 2024 年のデータを使って選手の身長と体重の相関係数を計算してみます。

その結果を，まずJリーグから見ましょう。ゴールキーパーも含めたJ

12.6 2変数の相関関係

リーガーの平均身長は 178.4cm, 平均体重は 73.2kg です。そして, 身長と体重の相関係数は 0.88 となりました。これは極めて高い数値で, J リーガーの身長と体重には強い相関があるということになります。

え, そんなの当たり前でしょと思いました？ それはそうですよね。私もそう思っていました。でも意外とそうでもないのです。次にプロ野球選手を見てみましょう。

プロ野球選手の場合, 平均身長は 180.9cm で J リーガーよりはやや高いですが, それほど大きな差はありません。でも平均体重は 85.9kg と, J リーガーより 10kg 以上重い数値になります。この数値だけでも野球とサッカーの違いが見えてきます。そして, その違いがさらに明確にわかるのが相関係数です。プロ野球選手の身長と体重の相関係数を求めると 0.62 になります。もちろん, これでも十分相関はあるのですが, J リーガーに比べたらかなり低い数値ですよね。

サッカーの場合は基本的に走ることが重要です。よほど特殊な能力がない限り, 走れない選手がプロになるのは難しいでしょう。そのため, サッカー選手は基本的に皆スリムです。そして皆が同じようにスリムであれば, 身長が高い人は体重が重く, 身長が低い人は体重が軽いということになります。

一方, 野球の場合は, スピードだけでなくパワーも重要です。そしてパワーをストロングポイントにしている選手は, 比較的体重が重くなる傾向にあります。そのため, 身長が低くても体重が重い選手もいるのです。その結果, 身長と体重の相関関係が弱まるようです。ちなみにポジション別に見ると, 身長と体重の相関係数が最も低いのは捕手で, その値は 0.58 でした。最も高いのは外野手で 0.70 です。なお, 野球以上にパワーが重要な大相撲の力士の場合は, 身長と体重の相関関係が 0.56 でした。これもまたわかりやすいですね。

こうやって, 数字で遊んでいるといろいろと面白いことに気づきます。そして, 面白い発見をするともっともっと知りたくなります。ぜひ皆さんも数字でいろいろと遊びながら, 数字の語る言葉を聞いてみて下さい。

第 13 章

不確実な世界を生き抜くための確率論

> **考えてみよう！**
>
> A〜Dの4つの株があり，現在の株価は全て100円であるとする。分析の結果，1年後の株価は次のように予想されることがわかった。
>
> | A 株 || B 株 || C 株 || D 株 ||
> |---|---|---|---|---|---|---|---|
> | 確率 | 株価 | 確率 | 株価 | 確率 | 株価 | 確率 | 株価 |
> | 50% | 120 円 | 10% | 200 円 | 30% | 100 円 | 70% | 110 円 |
> | 50% | 90 円 | 90% | 50 円 | 70% | 90 円 | 30% | 95 円 |
>
> さて，この中で「最もハイリスクな株」「最もハイリターンな株」「最もローリスクな株」「最もローリターンな株」はどれだろうか。

13.1 連合艦隊解散の辞

1904 年 2 月に始まり，1905 年 9 月に終了した日露戦争において，日本は奇跡的な勝利を収めました。当時のロシアと日本の国力差を考えればとても勝負にならない戦争だったはずですが，日本側の戦略・戦術が見事にはま

り，また様々な幸運も相まって，何とかかろうじて勝利という形を作ることができました．

中でも高い貢献をしたのが海軍で，当時世界最大・最強と言われていたバルチック艦隊をほぼ完全に撃破した日本海海戦は，いまだに軍事史における語りぐさになっています．『坂の上の雲』を読んで，心躍らせた人も少なくないでしょう[*1]．

その劇的な勝利を収めた海軍・連合艦隊の解散式で，東郷平八郎連合艦隊司令長官は有名な「連合艦隊解散の辞」を読みます．当時のアメリカ合衆国大統領，セルドア・ルーズベルトはこの「解散の辞」を読んで感動し，すぐにアメリカの陸軍・海軍の全ての軍人に配布するよう指示したと言われています．原文を音読してみると，簡潔で格調の高い文章から当時の軍人の覚悟が伝わってきて，平時に住む我々からすると，戦争の善し悪しは別にして，圧倒される迫力が感じられます．

その「解散の辞」にこんな一文があります．

> 百発百中の一砲能く百発一中の敵砲百門に対抗し得るを覚らば，我等軍人は主として武力を形而上に求めざるべからず．

意訳すると，こんな感じでしょうか．

> 百発百中の大砲一門で，百発一中の大砲百門に対抗できることが理解できれば，我々軍人は武力を量だけで論ずるのではなく，その質の追求をも怠ってはならないのである．

13.2 武器が少なくても戦争に勝てるのか？

さて，ここから急に冷めた話をしましょう．なにせ，お忘れかもしれませんが，この本は実は数学の教科書なものですから．

ここで考えてみたいのは，本当に「百発百中の大砲一門は百発一中の大砲百門に対抗しうるのか」ということです．こんなことを考えたってもちろん

[*1] 司馬遼太郎，『坂の上の雲 (1)〜(8)』文春文庫，1978 年

13.2 武器が少なくても戦争に勝てるのか？

机上の空論でしかありませんが，ここで勉強する予定の確率論として面白い題材ですから，ゆっくりと考えてみましょう．

なお，以下ではいくつかの専門用語をあえて説明せずに話を進めていきます．一口に確率と言っても，理論的確率，統計的確率，主観的確率などいくつかの分類がありますし，その内容をきちんと理解するには独立，試行，大数の法則，確率変数，分布関数などの概念まで話をふくらませなければなりません．そんなややこしい話に足を踏み込むとあっという間にページ数がなくなってしまうし，何よりもあまり面白くありません．

もちろん，しっかりとした定義は重要です．でも順番としては，まず確率に興味を持ち，大まかな感覚や考え方を身につけることが先だと思います．細かな話はまた別の教科書で確認してもらうとして（意味のわかりづらい言葉があれば当面は無視してもらって結構です），ここではまず，確率を使うとどんなことがわかるかということに集中しましょう．

13.2.1 相手の軍艦に当てれば勝ち

東郷平八郎がどのような状況をイメージしてあの文章を読んだのかはわからないのですが（「解散の辞」を起草したのは連合艦隊参謀の秋山真之だと言われていますが，ここではそれはおいておきます），例えば，命中確率が 100% の大砲を一門持つ A 国と，1% の大砲を百門持つ B 国がよーいどんで互いに大砲を撃ち合い，相手の軍艦に命中させたら勝ちという勝負をしたとしましょう．このとき A 国と B 国の勝負の行方はどうなるでしょうか．

「A 国の大砲は確実に当たり，B 国の大砲は百発のうちどれかが当たるはずなので，引き分けになる」と答えたくなりませんか？ でもこの答えでは間違いですよ．

正しくは次のように考えます．B 国の大砲一門の命中確率が 1% ということは，99% の確率で外すということです．このとき，B 国の大砲二門が同時に外す確率は $0.99 \times 0.99 \fallingdotseq 0.98$ となります．確率の計算の仕方は後で説明しますが，独立な事象が同時に起こる確率は，それぞれの事象が起こる

確率の積で求められます。

このように考えれば，B 国の大砲百門全てが相手の軍艦に当てられない確率は，次のように計算されます。

$$\underbrace{\frac{99}{100} \times \frac{99}{100} \times ... \times \frac{99}{100}}_{\text{百門分}} = \left(\frac{99}{100}\right)^{100} \fallingdotseq 0.366$$

確率の計算を知らないと，1% の確率のものを 100 個集めれば 100% の確率でその事象が起こると考えがちなのですが，実際には百発一中の大砲百門は 36.6% の確率で相手の軍艦に砲弾を当てることができません。つまり，相手の軍艦に当てられる確率は 63.4% でしかないのです。一方で，A 国の大砲の命中確率は 100% ですから，この勝負は A 国の方が優勢ですね。「解散の辞」にあるように，百発百中の一門は百発一中の百門に確かに対抗できそうです。

13.2.2　相手の大砲を潰せば勝ち

ところで，当時の大砲の性能は一発で相手の軍艦を沈められるほど強力なものではなかったようです。そこで状況を変えて考えてみましょう。A 国も B 国も，狙いを相手の大砲に定めます。B 国には大砲が百門もあるのでちょっとぐらいやられても大丈夫ですが，A 国には一門しかありませんから一度でも当たってしまったらそこでお終いです。

A 国と B 国がよーいどんでそれぞれ砲弾を撃ち合います。A 国は最初の一撃で相手の大砲を一門潰せます。しかし，その間に相手は百発の砲弾を撃つことができます。

幸運にも B 国の百発の砲弾が A 国の大砲に当たらなければ，A 国は二発目の砲弾を撃つことができます。そしてこのとき，B 国は九十九発の砲弾を撃ちます。A 国が三発目を撃つときには B 国は九十八発の砲弾を撃ちます。A 国が四発目を…，という状況を繰り返し，A 国が相手の大砲百門を全て潰すためには，その間に発射される B 国の砲弾が，ことごとく A 国の大砲を

外さなければなりません。その確率は

$$\left(\frac{99}{100}\right)^{100} \times \left(\frac{99}{100}\right)^{99} \times \left(\frac{99}{100}\right)^{98} \times ... \times \left(\frac{99}{100}\right)^{1} = \left(\frac{99}{100}\right)^{5050}$$

となります。実際に計算してみるとわかりますが，さすがにこれは限りなくゼロに近いですね。つまり，互いの大砲を狙い合うようなケースでは，百発百中の大砲一門が，百発一中の大砲百門に勝つ確率はほぼゼロになります。とてもかないません。残念。

13.3 確率の計算

13.3.1 確率とは

さて，ここまで確率の計算をいろいろとしてきました。計算の仕方はともかく，確率がどんなものかということに関して，大まかな感覚としては皆さんも理解していることでしょう。

前述のように，ここでは「確率とは？」という問題について根本的なところまで踏み込みません。大雑把に「ある事象がどのぐらいの割合で起こるかを数量的に表したもの」というぐらいに考えておきましょう。コインを投げて表が出る確率は 1/2 で，サイコロを転がしたときに 1 の目が出る確率は 1/6 です。

全ての確率は 0 から 1 の間に入ります（0 と 1 を含む）。これをもう少し正式な表現をすると，事象の数が n 個あるとして，事象 1 の起こる確率が p_1，事象 2 の起こる確率が p_2，…，事象 n の起こる確率が p_n であるとき，

$$0 \leqq p_1, \ p_2, \ ..., \ p_n \leqq 1$$

でなければならないということです。

13.3.2 加法定理

いくつかの独立な事象のうち，どれか 1 つが起こる確率を求めるときには，それぞれが起こる確率を足します。これを確率の**加法定理**と呼びます。例えば，事象 1 または事象 2 のどちらかが起こる確率は

$$p_1 + p_2$$

で表されます。サイコロを投げたとき，1 または 2 のどちらかの目が出る確率が

$$\frac{1}{6} + \frac{1}{6} = \frac{1}{3}$$

であることを考えれば，この意味を理解できるでしょう。

13.3.3 乗法定理

いくつかの独立な事象が全て起こる確率を求めるときには，それぞれの確率を掛け算します。これを確率の**乗法定理**と呼びます。例えば，事象 1 と事象 2 が両方起こる確率は

$$p_1 \times p_2$$

で表されます。13.2 節で，99% の確率で外す大砲が二門あるときに，両方がともに外してしまう確率を $0.99 \times 0.99 \fallingdotseq 0.98$ と計算しました。あれはまさに，この乗法定理を使ったわけです。

13.3.4 確率の和は 1

全ての事象のいずれかが起こる確率は必ず 1 になります。すなわち，

$$\sum_{i=1}^{n} p_i = p_1 + p_2 + ... + p_n = 1$$

ということです。

13.4 確率分布

この性質を利用すると，ある事象が起こらない確率を求めることもできます。例えば事象1が起こらない確率（すなわち，事象1以外の事象が起こる確率）は

$$p_2 + p_3 + p_4 + ... + p_n = 1 - p_1$$

となります。つまり，ある事象が起こらない確率は，1からそれが起こる確率を引くと出てきます。これはとても便利な性質ですので，ぜひ覚えておいてください。

練習問題 34

箱の中に，赤い玉が3個，青い玉が2個，黄色の玉が5個入っている。中を見ることはできず，手触りで玉を区別することもできない。

(1) 玉を1つ取り出したとき，それが赤である確率はいくつか。
(2) 玉を1つ取り出したとき，それが赤でない確率はいくつか。
(3) 玉を1つ取り出したとき，それが青または赤である確率はいくつか。
(4) 玉を1つ取り出した後に，それを元の箱に戻す。2回連続で黄色の玉を取り出す確率はいくつか。
(5) 玉を取り出した後，それを箱に戻さずに，別の玉を取り出す。1回目に青，2回目に赤の玉を取り出す確率はいくつか。

13.4 確率分布

サイコロを振ったとき，それぞれの目の出る確率は 1/6 です。この様子を図示すると，図 13.1 のようになります。

それぞれの事象とそれが起こる確率の組み合わせを表すものを**確率分布**と言います。確率分布の中でも，図 13.1 のように全ての事象の起きる確率が

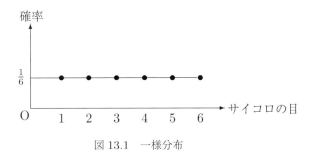

図 13.1　一様分布

一定であるものは一様分布と呼ばれます。

一様分布以外にもいろいろな分布があり，中でも**二項分布**，**正規分布**は経済統計学や計量経済学を学ぶときの必須項目です。細かな内容は専門科目で学んでもらうとして，ここでその意味と形を確認しておきましょう。

コインを何回か投げたときに，表が何回出るかを数えるゲームをしたとします。投げる回数は何回でも良いのですが，ここではとりあえず簡単なところで 4 回にしましょう。

4 回投げて表が何回出るかについて，それぞれの確率を求めるために全てのケースを書き出してみます。すると，

　0 回：裏裏裏裏
　1 回：表裏裏裏　裏表裏裏　裏裏表裏　裏裏裏表
　2 回：表表裏裏　表裏表裏　表裏裏表　裏表表裏　裏表裏表　裏裏表表
　3 回：表表表裏　表表裏表　表裏表表　裏表表表
　4 回：表表表表

となります。数えてみると，全部で 16 の組み合わせがあることがわかります。この中で表が 1 回も出ないのは 1 通り，1 回出るのが 4 通り，2 回出るのが 6 通り，3 回出るのが 4 通り，そして 4 回とも表が 1 通りです。よって，表の出る回数とその確率の組み合わせは図 13.2 のようになります[2]。なお，

---

[2] 理論的に考えると次の通りです（記号の意味や考え方がわからなければ，別途，統計学

13.4 確率分布

図 13.2 ではイメージしやすくするために，あえて約分せずに縦軸の値を設定しています。

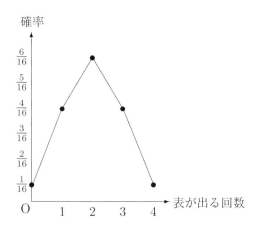

図 13.2 二項分布

このように，何かが「起きる」か「起きないか」という試行を n 回行って，「起きる」のが k 回であるような確率を求めたとき，その分布は二項分布と呼ばれます。二項分布はテレビの視聴率の計算や製造業における不良品チェックなどで実際に使われているだけでなく，株価のシミュレーションで利用されることもあります。現段階で細かいことを理解する必要はありませんが，その名前と大雑把な特徴は覚えておいて損はありません。

等の教科書で勉強してください)。n 回の独立な試行に対し，ある事象が k 回起こる確率は

$$_n C_k \, p^k (1-p)^{n-k} = \frac{n!}{k!(n-k)!} \, p^k (1-p)^{n-k}$$

と表されます（p は各試行における事象の発生確率）。これを使って，例えばコインを 4 回投げて表が 2 回出る確率を求めると，

$$_4 C_2 \left(\frac{1}{2}\right)^2 \left(\frac{1}{2}\right)^{4-2} = \frac{4!}{2!(4-2)!} \left(\frac{1}{2}\right)^4 = \frac{4 \cdot 3 \cdot 2 \cdot 1}{2 \cdot 1 \times 2 \cdot 1} \times \frac{1}{16} = \frac{6}{16} = \frac{3}{8}$$

となります。

ところで，先ほどはサイコロを投げる回数を 4 回と設定していました。これを 5 回，6 回，…と増やしていく状況を考えてみましょう。興味があれば，ぜひ自分の手で分布の様子を調べて見て欲しいところです。実は二項分布の形は一定ではなく，試行の数が変われば形も変わります。そして，n の値をどんどん大きくしていくと，二項分布は正規分布に近づきます。

―――― 覚えよう！ ――――

二項分布 $\xrightarrow{\text{試行の数を増やす}}$ 正規分布

正規分布というのは統計学における最も重要な分布で，図 13.3 のような形をしています。この曲線はチリンチリンとならすベルのような形をしているので，ベルカーブとも呼ばれます。

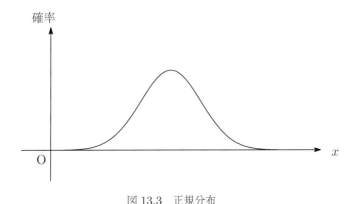

図 13.3　正規分布

正規分布を表す関数は，$\bar{x}$ を x の平均値，σ を標準偏差とすると

$$f(x) = \frac{1}{\sqrt{2\pi}\sigma} e^{-\frac{(x-\bar{x})^2}{2\sigma^2}}$$

となります。何が何だかわからないので，理解はできなくても構わないのですが，式をよく見ると標準偏差 (σ) や円周率 (π)，ネイピア数 (e) などが入っていてなかなか豪華ですね。「何でこんなものがこんなところに？」という何やら神秘的な雰囲気を味わってください。

13.5 期待値

13.5.1 確率をふまえた平均値

くじを引くとか，株を買うとか，とにかく結果が不確実な行為をするとしましょう。このとき，皆さんなら何を重視しますか。

外れることを覚悟で一発当てたいという人もいるし，逆に大当たりしなくていいからとにかく損をしないようにという人もいるでしょう。いろんな価値観があると思いますが，価値観はともかく，こういうときに考えなくてはならないのが**期待値**です。

期待値とは，「何回もその行為を繰り返せるとしたら平均的にどのような結果が出るか」を示すもので，

$$期待値 = (値 \times その値が出る確率) の合計$$

と定義されます。$(x_1, x_2, ..., x_n)$ が起こる確率を $(p_1, p_2, ..., p_n)$ としたとき

$$期待値 = p_1 x_1 + p_2 x_2 + ... + p_n x_n = \sum_{i=1}^{n} p_i x_i$$

ということですね。例えば，30% の確率で 100 円，70% の確率で 50 円の商品券が当たるクジの期待値は

$$\frac{3}{10} \times 100 + \frac{7}{10} \times 50 = 65 円$$

と計算されます。

世の中は様々な不確実性で満ちています。宝くじを買ったりギャンブルをしたりするのはもちろんですが，企業が投資をしたり，個人が資産運用する

ときだって，その行為がどのような結果をもたらすかはわかりません。そんなとき，それをするべきかどうかを判断する基準として，この期待値が重要になります。

期待値は起こりうる結果の平均値を示すので，

期待値＜参加料

であれば，長い目で見たとき，この勝負で損をする可能性が高くなります。もちろん，一回限りなら勝つことは十分にあり得るし，何か特殊な才能を持っていれば長く勝ち続けることもあるでしょう。でも，この状況で勝ち続けることができる人は限られていて，基本的にはほとんどの人が負けることになります。宝くじや競馬で夢を買うのは個人の自由ですが，それで金持ちになろうと思うのであれば，期待値の計算ぐらいはした方が良いですね。

なお，『確率・統計であばくギャンブルのからくり』という本でパチンコや競馬，ポーカー，ルーレットなど様々なゲームやギャンブルの期待値が計算されています[*3]。こういうものに興味がある人は，ご一読を。

[*3] 谷岡一郎『確率・統計であばくギャンブルのからくり――「絶対儲かる必勝法」のウソ』講談社，2001年

練習問題 35

(1) ある農家の場合，平年通りの気温なら100トンのコメを収穫できるが，冷夏になるとそれが80トンに落ち込んでしまう。平年より気温が高い時には，110トンの収穫が期待できる。長期予報によると，次の夏が冷夏になる確率は25%，平年通りは45%，暑くなる確率は30%であったとする。以上の条件の下で，来年度にこの農家が得ることのできる期待収穫量を求めよ。

(2) 2人のセールスマン(A,B)がいる。Aは堅実な販売が得意であり，3人に1人の割合で15万円の契約を取り付けることができる。Bは，契約に至る割合は10人に1人と少ないが，いったん契約までこぎ着ければ，60万円という大きな金額の取引をすることができる。さて，両者が同じ人数の顧客と交渉したとすると，期待値としてどちらが多額の取引をすることができるか。

13.5.2 ハイリスク・ハイリターンとは

以前，あるセミナーで「ハイリスク・ハイリターンというのは，当たったときの利益は大きいけれど，損失が出る可能性も高いという意味です」と言われたことがあります。私はそれを聞いてちょっとびっくりしたのですけど，みなさんはどうでしょうか。

もし上の言葉に違和感を覚えなければ，ひょっとしたらどこかの投資セミナーで騙されるかもしれないので気をつけてくださいね。実は金融の世界ではこのような意味でリターンという言葉を使いません。第12.5.2節で「金融の世界では，リスクとは標準偏差のことである」と書きましたが，同様に，金融の世界ではリターンとは期待収益率（収益率の期待値）を意味します。

このことを理解するために，この章の冒頭にある「考えてみよう！」をもう一度見てみましょう。A社の株価は50%の確率で120円になり，同じく

50%の確率で90円になると予想されています．ということは，A社の株価の期待値は

$$\frac{50}{100} \times 120 + \frac{50}{100} \times 90 = 105 \text{ 円}$$

と計算されます．つまりA社の株を買うと，損をすることも得をすることもあるけど，期待値としては100円のものが105円になるわけだから，5%のリターンを見込めるということです．

また，A社の株価の分散は次のように求められます．

$$\frac{50 \times (120 - 105)^2 + 50 \times (90 - 105)^2}{100} = 225$$

パッと式を出されただけではわかりづらいかもしれませんが，100回の試行中50回が120円になり，50回が90円になると考えた上で，分散の定義式を見ると納得できるのではないかと思います．

分散がわかれば，A社の株価の標準偏差も次のように求められます．

$$\sqrt{225} = 15$$

残りの企業について同様の計算を行ってみてください．表13.1のような値が出てくるはずです．

	A社	B社	C社	D社
リターン（期待収益率）	5%	−35%	−7%	5.5%
リスク（標準偏差）	15%	45%	4.6%	6.9%

表13.1　リスクとリターン

これで冒頭の質問の答えがわかります．4つの株のうち，最もリスクの高いのはB社の株で，最もリスクの低いのはC社の株です．一方，最もリターンが高いのはD社の株で，最もリターンが低いのはB社の株です．

皆さんの解答と照らし合わせるとどうでしょうか．おそらく「最もハイリスクな株」に関しては多くの人が正解したのではないかと思います．しか

13.5 期待値

し，「最もローリスクな株」に C 社を挙げた人は少ないでしょう。C 社の株は損をする可能性が高いので，一般的な言葉の使い方ではリスクの高い株と見なされるのではないかと想像します。しかし繰り返しになりますが，金融の世界でリスクは標準偏差（株価のバラツキ具合）で表されます。損をする確率が高いかどうかは関係ありません。たとえマイナスになる可能性が高くても，株価のバラツキが小さければリスクが小さいとなるのです。注意が必要ですね。

また，リターンに関しても，おそらく多くの人が「最もハイリターンな株」として B 社を選んだのではないかと思います。「当たったときの儲けが大きい」ことをハイリターンと考えてしまうとこういう結論になってしまうのですが，これも繰り返し書いているように違います。

B 社の株は，確かに当たったときの儲けは大きいのですが，期待値としては 35% も損をしてしまいます。だから，ハイリターンどころか，マイナスリターンと考えるべきなのです。つまり，B 社の株は「ハイリスク・マイナスリターン」ということで，何か特別な事情がない限り，最も買うべきでない株なのですね。逆に D 社の株は派手さはありませんが，期待値で考えれば最もお買い得な株です。ハイリターンというと，ついつい一発当たったときの大きさに目を向けてしまいがちなのですが，言葉の意味としてはそういうことではありませんので，これも注意が必要です。

第 V 部

将来の必須分野！線形代数

第 14 章

ベクトルと行列

> **考えてみよう！**
>
> 皆さんは掛け算の順番に意味があると思うだろうか。例えば，300円のボールペンを 5 本買ったときの支払額を 300×5 と書くことと，5×300 と書くことを区別すべきだろうか。区別すべきだとしたらなぜだろう？ 区別すべきでないとしたらなぜだろう？

14.1 21 世紀で最も重要な数式？

　近年，数学や経済学を社会問題の解決に活かそうとする動きが盛んになっています。いわゆる，社会実装と呼ばれるものです。金融や IT のようにいかにも関係しそうな業界だけでなく，学校選択や臓器移植，広告，感染予防，防災，犯罪捜査や犯罪抑制など，一見無関係と思われる分野でも理論，データ，数式が大活躍しています。昔は「数学なんて社会に出たら何の役にも立たねえよ」と豪語している人が少なからずいました。私の学生時代は「大学で数学なんか専攻したらろくな就職先はないよ」と言われていました。でも，それはもう遠い過去の話です。今では数学は現実社会のあちらこちらで応用されている学問で，数学を上手く使えば自身が大きな利益を得るだけでなく，社会を変えることすらできるかもしれません。

それ，本当？ と疑う人は，『世界を支配する人だけが知っている 10 の方程式』という本を読んでみてください[*1]。タイトルはややうさんくさいですが，中身は非常にまっとうで，タイトル通り 10 本の方程式がいかに社会で活用されているのかを解説しています。この本を読むと数学に対する考え方が少し変わるかもしれません。

この本で紹介されている 10 本の方程式の中で，著者が「21 世紀で最も重要な数式」と述べたのが次の式です。

$$A \cdot \rho_\infty = \rho_\infty$$

これだけではまるで意味不明ですが，この式は SNS 上でのインフルエンサーの影響力を分析するためのもので，サンプター曰く，1 兆ドルの価値を創造する力を持っているとのことです。式の中の A は行列，ρ はベクトルを表しています。つまり，21 世紀の社会において最も大きな影響力を持つとされる数式を理解するためには，行列とベクトルの知識が必要です。

行列やベクトルを扱う数学の分野を線形代数と言います。線形代数は数学の中では比較的新しいもので，そのタネとなる考え方は 17 世紀終わりぐらいから存在したものの，現在のように体系化されたのは 19 世紀終わりから 20 世紀にかけてです。それにもかかわらず急速に普及したのは，要するに「役に立つ」からでしょう。

連立方程式を解くときのことを思い出してください。方程式が 2 本ぐらいのときはともかく，方程式の数が増えると解くのが急激に大変になります。でも線形代数を使うと比較的簡単に解くことができます。データ分析にしても，データをベクトルや行列の形でまとめてしまえば，大量のデータを効率的に処理することが可能になります。

微分や指数・対数と違って，線形代数は経済学の学習ですぐに必要になるわけではありません。でも，これからの時代にデータ分析の重要性が増すのは間違いなく，そうだとすると，将来どこかで線形代数の知識が必要になる

[*1] デイビッド・サンプター著，千葉敏生訳，『世界を支配する人だけが知っている 10 の方程式 —— 成功と権力を手にするための数学講座』光文社，2022 年

かもしれません．いつかどこかで出会う可能性があるのなら，今のうちに勉強しておくというのも1つの手です．正式に必要になったらまた専門書でしっかりと学んでもらうとして，とりあえずは本書で基礎的な知識や計算方法を身につけながら，線形代数の入り口を覗いてみることにしましょう．

14.2 スカラーとベクトル

14.2.1 ベクトルとは

$v = (2, -5, 1)$ のように複数の数値（または記号）を縦または横に並べたものを**ベクトル**と言います．それに対して，2とか -5 とか $\sqrt{10}$ のように独立した1つの数値を**スカラー**と言います[*2]．

「あれ，ベクトルって矢印で表すのでは？」と疑問に思ったでしょうか．確かに高校数学ではベクトルの持つ「方向」という性質を重視して，$\vec{v}$ と表記しました．物理学や工学でも同じようにベクトルを矢印で表します．しかし線形代数や，それをツールとして使う経済学，統計学ではベクトルの方向をあまり重視せず，単に数値の組み合わせとして捉えます．そのため，ベクトルを表すときは矢印を使わず太字にします．本書でもその方針に従います．

ベクトルを構成する要素のことを**成分**と言います．そして，n 個の成分からなるベクトルを n 次ベクトルと呼びます．例えば，$\boldsymbol{v} = (v_1, v_2)$ は2次ベクトルです．また，ベクトルを表記するときは上記のように横に並べる場合もあるし，

$$\boldsymbol{v} = \begin{pmatrix} v_1 \\ v_2 \end{pmatrix}$$

と，縦に並べる場合もあります．前者を**横ベクトル**（行ベクトル），後者を**縦ベクトル**（列ベクトル）と呼びます．

[*2] 普段は数字のことをスカラーなんて呼んだりはしないのですが，ベクトルや行列と区別するために，線形代数では積極的に使います．ちなみに，スカラーは英語で書くと scalar（スケーラー）で，目盛りや規模を意味する scale（スケール）の派生語です．

14.2.2 ベクトルの計算

複数のベクトルがあるとき,それらを足したり引いたりすることができます。例えば $a = (a_1, a_2, ..., a_n)$ と $b = (b_1, b_2, ..., b_n)$ に対して次の式が成立します。

$$a + b = (a_1 + b_1, a_2 + b_2, ..., a_n + b_n)$$
$$a - b = (a_1 - b_1, a_2 - b_2, ..., a_n - b_n)$$

ただし,これが成り立つためには a と b の次元(成分の数)が同じであるという条件が必要です。次元が異なる場合は,足したり引いたりすることはできません。

ベクトルをスカラー倍することもできます。あるスカラー k を a, b に掛けると

$$ka = (ka_1, ka_2, ..., ka_n), \quad kb = (kb_1, kb_2, ..., kb_n)$$

となります。

次にベクトル同士の掛け算を見ます。と言っても,実はベクトルには掛け算がありません(従って割り算もありません)。厳密にはないこともないらしいのですが,この辺はややこしいので,とりあえず掛け算はないと思ってもらって結構です。

その代わりに,似たような概念として**内積**があります。ベクトルの内積は,

$$a \cdot b = a_1 b_1 + a_2 b_2 + ... + a_n b_n$$

と定義されます。内積の計算の仕方は簡単で,2つのベクトルの1番目の成分をそれぞれ掛け,2番目の成分をそれぞれ掛け,…を繰り返し,最後に全部足せばできあがりです。

ちなみに,a と b の間にある・(ドット)は内積を表す記号で,これを省略することはできません。なので,内積を表すつもりで ab と書いてはダメです。また,似たような表記方法として $a \times b$ というのもありますが,実は

これはベクトルの外積を表しています。スカラーの場合は $2 \cdot 3$ と書いても 2×3 と書いても同じ掛け算を意味しますが，ベクトルの場合は $\cdot$ と $\times$ で計算方法が異なるので気をつけてください。なお，経済学では基本的に外積を使うことはないので，いまここで理解する必要はありません。

a と b の順番を入れ替えると

$$b \cdot a = b_1 a_1 + b_2 a_2 + ... + b_n a_n$$

となります。見てわかるように，これは $a \cdot b$ と一致します。つまり，ベクトルの内積には交換法則 $a \cdot b = b \cdot a$ が成立します。

ベクトルの成分に具体的な数値を入れて，$a = (3, 2)$，$b = (-5, 1)$ としましょう。このとき，2つのベクトルの内積は

$$a \cdot b = 3 \times (-5) + 2 \times 1 = -13$$

と求められます。このように，ベクトルの内積は（ベクトルではなく）スカラーになります。

練習問題 36

$a = (1, 5, -2)$，$b = (2, 1, 3)$ として，次の計算をせよ。

(1) $a + b$
(2) $a - b$
(3) $a \cdot b$

14.2.3 ベクトルの使い方

ある経済で n 個の財が取引されているとし，各財の需要量を x_i，価格を p_i，1人あたりの所得を m で表します（$i = 1, 2, ..., n$）。ここで，財の需要

量を決める要素としてが何があるのかを考えてください。まず思いつくのはその財の価格です。リンゴの価格が下がれば，リンゴの需要は増えるはずです。次に所得も関係しそうです。所得が増えればリンゴを食べる機会も増えるでしょう。そして，他財の価格も影響があるかもしれません。例えばミカンの価格が上がれば，リンゴの消費に何らかの変化が生まれそうです。

このように，第 i 財の需要量 x_i は，p_i だけでなく m や p_j にも影響を受けます。そこで，第 i 財の需要関数を次のように表します。

$$x_i = x_i(p_1, p_2, ..., p_n, m)$$

ところで，この式を書く度に価格を p_1 から p_n まで全部書くのは面倒です。読む方としてもゴチャゴチャして読みにくくなります。そこで，価格の組み合わせを $\boldsymbol{p} = (p_1, p_2, ..., p_n)$ と ベクトルで表記した上で，需要関数を

$$x_i = x_i(\boldsymbol{p}, m)$$

と書くこともできます。こうすればすっきり表せますね。

また，第 1 財から第 n 財までの売上の合計 (R) を考えましょう。これは，各財の価格と販売量を掛け合わせて

$$R = p_1 x_1 + p_2 x_2 + ... + p_n x_x$$

と表せます。しかし，これもまたゴチャゴチャしています。そこで，和を表す記号 ($\sum$) を使って

$$R = \sum_{i=1}^{n} p_i x_i$$

と書けば文字数は減ります。でも，もっと簡単に表記できないだろうか，という要望に応えるのが内積です。需要量も $\boldsymbol{x} = (x_1, x_2, ..., x_n)$ とベクトル表記することで，

$$R = \boldsymbol{p} \cdot \boldsymbol{x}$$

と，売上をさらにシンプルに表すことができます。

「え,ただシンプルに表現できるだけ?」と思うかもしれません。もちろんそれだけではないですが,要素の数が増えると処理がいろいろ大変なので,シンプルに書けること自体も意外と重要なことです。また,自分で使うかどうかはさておき,教科書や論文などでこのような書き方に出会うこともあるかもしれません。表記の仕方ぐらいは覚えておくと,そういうときに戸惑わずにすむでしょう。

14.3 行列

複数の成分を縦と横に並べたものを**行列**と言い,その横の並びを「行」,縦の並びを「列」と呼びます。そして行の数が m,列の数が n の行列を,m 行 n 列の行列とか,$m \times n$ 行列と言います。また,行列の成分を a_{ij} と表記したときは,その成分が第 i 行第 j 列に配置されていることを意味します。

$$\begin{pmatrix} a_{11} & a_{12} & a_{13} \\ a_{21} & a_{22} & a_{23} \end{pmatrix} \begin{matrix} \rightarrow 1\text{行目} \\ \rightarrow 2\text{行目} \end{matrix}$$
$$\downarrow \quad \downarrow \quad \downarrow$$
$$1\text{列目} \; 2\text{列目} \; 3\text{列目}$$

どちらが「行」でどちらが「列」なのかはなかなか覚えにくいのですが,「行」の漢字には横に引かれる線があり,「列」の漢字には縦に引かれる線があることから,漢字を書いて覚える方法が知られています。あるいは,ひらがなの「ぎ」を書いてみて下さい。最初に横線を書きましたよね。次にひらがなの「れ」を書いてみて下さい。このときは縦線から始めたでしょう。このように「ぎ」は横,「れ」は縦と覚えても良いかもしれません。

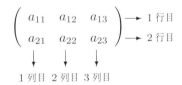

私自身は「縦列駐車が横行している」と覚えています。意外と覚えやすいと思うのですが，残念ながら誰もこの覚え方に賛同してくれません。もし良かったら私の代わりに皆さんが広めてみてください。

14.4　いろいろな行列

行の数と列の数が同じ行列を正方行列と言います。経済学や統計学に出てくる行列の多くは，この正方行列です。$n \times n$ の行列を n 次の正方行列という言い方もします。

$$\begin{pmatrix} a_{11} & a_{12} \\ a_{21} & a_{22} \end{pmatrix} \quad \begin{pmatrix} a_{11} & a_{12} & a_{13} \\ a_{21} & a_{22} & a_{23} \\ a_{31} & a_{32} & a_{33} \end{pmatrix} \quad \begin{pmatrix} a_{11} & a_{12} & \cdots & a_{1n} \\ a_{21} & a_{22} & \cdots & a_{2n} \\ \vdots & \vdots & \ddots & \vdots \\ a_{n1} & a_{n2} & \cdots & a_{nn} \end{pmatrix}$$

　　2 次の正方行列　　　3 次の正方行列　　　　　n 次の正方行列

対角成分が 1 で，その他の成分が全て 0 の正方行列を単位行列と言い，I （または E）で表します。

$$I = \begin{pmatrix} 1 & 0 \\ 0 & 1 \end{pmatrix} \quad I = \begin{pmatrix} 1 & 0 & 0 \\ 0 & 1 & 0 \\ 0 & 0 & 1 \end{pmatrix} \quad I = \begin{pmatrix} 1 & 0 & \cdots & 0 \\ 0 & 1 & \cdots & 0 \\ \vdots & \vdots & \ddots & \vdots \\ 0 & 0 & \cdots & 1 \end{pmatrix}$$

　　2 次の単位行列　　　3 次の単位行列　　　　　n 次の単位行列

単位行列は，他の行列に掛けても元の行列を変えない（$AI = IA = A$），単位行列を何乗しても単位行列のまま（$I^n = I$）という性質を持ちます。スカラーで言うところの 1 とよく似ています。

行列の縦と横を入れ替えたものを転置行列と言います。行列 A に対して，A の転置行列は A^T または A' と表記されます。

$$A = \begin{pmatrix} a_{11} & a_{12} & \cdots & a_{1n} \\ a_{21} & a_{22} & \cdots & a_{2n} \\ \vdots & \vdots & \ddots & \vdots \\ a_{n1} & a_{n2} & \cdots & a_{nn} \end{pmatrix} \quad \rightarrow \quad A^\mathsf{T} = \begin{pmatrix} a_{11} & a_{21} & \cdots & a_{n1} \\ a_{12} & a_{22} & \cdots & a_{n2} \\ \vdots & \vdots & \ddots & \vdots \\ a_{1n} & a_{2n} & \cdots & a_{nn} \end{pmatrix}$$

この他にもいろいろな特徴を持つ行列があり，それぞれに名前が付いていますが，とりあえずは上の3つを覚えておきましょう。

14.5 行列の計算

この節では次のように，A と B を 2×2 の正方行列，C を 3×2 の行列と特定して説明をします。

$$A = \begin{pmatrix} a_{11} & a_{12} \\ a_{21} & a_{22} \end{pmatrix}, \; B = \begin{pmatrix} b_{11} & b_{12} \\ b_{21} & b_{22} \end{pmatrix}, \; C = \begin{pmatrix} c_{11} & c_{12} \\ c_{21} & c_{22} \\ c_{31} & c_{32} \end{pmatrix}$$

14.5.1 行列の足し算・引き算

まず，A と B は行数も列数も同じなので，足し引きが可能です。

$$A + B = \begin{pmatrix} a_{11} + b_{11} & a_{12} + b_{12} \\ a_{21} + b_{21} & a_{22} + b_{22} \end{pmatrix}, \quad A - B = \begin{pmatrix} a_{11} - b_{11} & a_{12} - b_{12} \\ a_{21} - b_{21} & a_{22} - b_{22} \end{pmatrix}$$

しかし，A と C，または B と C は行数が異なっているので，足したり引いたりできません。行列の足し算や引き算をするには，互いの行数と列数の両方が同じでなければいけません。

14.5.2 行列の積

スカラーと行列は掛け算が可能です。あるスカラー k に対して，

$$kA = \begin{pmatrix} ka_{11} & ka_{12} \\ ka_{21} & ka_{22} \end{pmatrix}$$

となります。

　行列同士の掛け算の場合，例えば A に B を掛けるとやはり 2×2 の正方行列ができます。その新しい行列の第 1 行第 1 列の成分は，まず a_{11} と b_{11} を掛け，次に a_{12} と b_{21} を掛け，そして両者を足すと得られます。

$$AB = \begin{pmatrix} a_{11} & a_{12} \\ a_{21} & a_{22} \end{pmatrix} \begin{pmatrix} b_{11} & b_{12} \\ b_{21} & b_{22} \end{pmatrix} = \begin{pmatrix} a_{11}b_{11} + a_{12}b_{21} & \\ & \end{pmatrix}$$

新しい行列の第 1 行第 2 列の成分は，a_{11} と b_{12}，a_{12} と b_{22} をそれぞれ掛けて足したものです。

$$AB = \begin{pmatrix} a_{11} & a_{12} \\ a_{21} & a_{22} \end{pmatrix} \begin{pmatrix} b_{11} & b_{12} \\ b_{21} & b_{22} \end{pmatrix} = \begin{pmatrix} & a_{11}b_{12} + a_{12}b_{22} \\ & \end{pmatrix}$$

2 行目についても同様の作業を行うと，A と B の積が求まります。

$$AB = \begin{pmatrix} a_{11}b_{11} + a_{12}b_{21} & a_{11}b_{12} + a_{12}b_{22} \\ a_{21}b_{11} + a_{22}b_{21} & a_{21}b_{12} + a_{22}b_{22} \end{pmatrix}$$

なお，行列の掛け算の場合はドット ($\cdot$) や掛け算記号 ($\times$) を使わず，AB のように単に 2 つの記号を並べて書きます。

　練習問題として，$A = \begin{pmatrix} 3 & -2 \\ 1 & 4 \end{pmatrix}$，$B = \begin{pmatrix} 5 & 0 \\ -3 & -1 \end{pmatrix}$ のときの AB を求めてみましょう。皆さんも自分の手を動かして計算してみてください。

$$AB = \begin{pmatrix} 3 \times 5 + (-2) \times (-3) & 3 \times 0 + (-2) \times (-1) \\ 1 \times 5 + 4 \times (-3) & 1 \times 0 + 4 \times (-1) \end{pmatrix}$$
$$= \begin{pmatrix} 21 & 2 \\ -7 & -4 \end{pmatrix}$$

無事に計算できたら，今度は掛け算の順番を変えてみます。これもまた，

14.5 行列の計算

皆さん自身が手を動かして計算してください。

$$BA = \begin{pmatrix} 5\times 3 + 0\times 1 & 5\times(-2) + 0\times 4 \\ -3\times 3 + (-1)\times 1 & -3\times(-2) + (-1)\times 4 \end{pmatrix}$$
$$= \begin{pmatrix} 15 & -10 \\ -10 & 2 \end{pmatrix}$$

見比べれば明らかなように，AB と BA は全く違う結果になります。これはスカラーとは異なる性質です。スカラーの場合，例えば 5×10 と 10×5 は同じ値になります。これを積の交換法則と言います。ときどき，小学校のテストで掛け算の順番を逆に書いた答案が不正解になっているのが話題になりますが，「掛け算の順番なんかどうでも良いでしょ」という主張の根拠はこの交換法則にあります。どの順番で掛けても結果は一緒なのだから，順番に拘る必要はないということですね。

その主張の是非についてはここでは議論しませんが，行列の世界では順番は決定的に重要です。行列を扱う際は，掛け算の順番を常に意識する必要があります。

14.5.3 積が成立するケースと成立しないケース

行列同士の掛け算にはルールがあります。それは

「左の行列の列数＝右の行列の行数」のときに掛け算が可能

というものです。言葉だけではわかりにくいので，先ほどの行列 A, B, C を見ながら具体的に確認しましょう。

まず行列 A の列数は2です。また，行列 B の行数も2です。よって積 AB を計算することができます。また，B の列数は2で，A の行数もやはり2です。だから，積 BA も計算可能です。では，A と C の場合はどうでしょうか。数えてみると，A の列数は2で，C の行数は3です。ここが一

致しないので，AC は計算不可能です．

$$AC = \begin{pmatrix} a_{11} & a_{12} \\ a_{21} & a_{22} \end{pmatrix} \begin{pmatrix} c_{11} & c_{12} \\ c_{21} & c_{22} \\ c_{31} & c_{32} \end{pmatrix} \to 計算できない$$

しかし，掛け算の順番を入れ替えて CA とすれば，C の列数は 2，A の行数もやはり 2 なので計算可能になります．

$$\begin{aligned} CA &= \begin{pmatrix} c_{11} & c_{12} \\ c_{21} & c_{22} \\ c_{31} & c_{32} \end{pmatrix} \begin{pmatrix} a_{11} & a_{12} \\ a_{21} & a_{22} \end{pmatrix} \\ &= \begin{pmatrix} c_{11}a_{11} + c_{12}a_{21} & c_{11}a_{12} + c_{12}a_{22} \\ c_{21}a_{11} + c_{22}a_{21} & c_{21}a_{12} + c_{22}a_{22} \\ c_{31}a_{11} + c_{32}a_{21} & c_{31}a_{12} + c_{32}a_{22} \end{pmatrix} \end{aligned}$$

練習問題 37

$A = \begin{pmatrix} 2 & 0 \\ -2 & 3 \end{pmatrix}$, $B = \begin{pmatrix} 4 & -1 \\ -2 & 1 \end{pmatrix}$, $C = \begin{pmatrix} -3 & 1 & 2 \\ 0 & 5 & -2 \end{pmatrix}$ $D = \begin{pmatrix} 1 & -3 & 2 \\ 2 & 0 & 5 \\ -4 & 1 & 1 \end{pmatrix}$

のとき，次の計算をせよ．ただし，計算できない場合は「計算不可」と答えること．

(1) $A + B$
(2) $C + D$
(3) AB
(4) BA
(5) AC
(6) BC
(7) CD
(8) DC

14.5.4 行列とベクトルの掛け算

行列とベクトルの掛け算も見ておきましょう．実はベクトルというのは，行列の特殊形態と捉えることができます．横ベクトルを 1 行 n 列の行列，

14.6 連立方程式

縦ベクトルを m 行 1 列の行列と考えるのです。

それをふまえれば，先ほどの「左側の行列の列数＝右側の行列の行数のときに行列の掛け算可能」というルールはここでも成立します。例えば，

$$\boldsymbol{v} = \begin{pmatrix} v_1 \\ v_2 \end{pmatrix}$$

という縦ベクトルを考えましょう。このとき，行列 A の列数 2 に対して，ベクトル $\boldsymbol{v}$ の行数もやはり 2 なので，$A\boldsymbol{v}$ は次のように計算できます。

$$A\boldsymbol{v} = \begin{pmatrix} a_{11} & a_{12} \\ a_{21} & a_{22} \end{pmatrix} \begin{pmatrix} v_1 \\ v_2 \end{pmatrix} = \begin{pmatrix} a_{11}v_1 + a_{12}v_2 \\ a_{21}v_1 + a_{22}v_2 \end{pmatrix}$$

ちなみに，ベクトル $\boldsymbol{v}$ を $\boldsymbol{v} = (v_1, v_2)$ のように横ベクトルで定義すると，$A\boldsymbol{v}$ は計算できなくなります。その代わり，$\boldsymbol{v}A$ が計算可能になります。

14.6 連立方程式

線形代数はもともと連立方程式を解くために発展してきたと言われています。行列を使って連立方程式を解くためには，**行列式**と**逆行列**を理解する必要があるので，順番に確認していきましょう。なお，前節では A は 2 次の正方行列として特定されていましたが，本節では A の次元を固定しません。同じ記号を使っても，その時々によって A の次元が変わるので，注意しながら読み進めてください。

14.6.1 行列式

正方行列には行列式と呼ばれる値があります。A の行列式は $|A|$ と表され，2 次の正方行列の場合は

$$|A| = \begin{vmatrix} a_{11} & a_{12} \\ a_{21} & a_{22} \end{vmatrix} = a_{11}a_{22} - a_{12}a_{21}$$

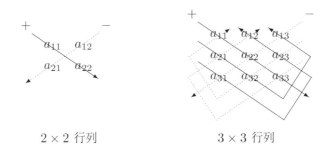

図 14.1　行列式の求め方

と定義されます[*3]。例えば，$B = \begin{pmatrix} 4 & -1 \\ -2 & 1 \end{pmatrix}$ の行列式は

$$|B| = 4 \times 1 - \{(-1) \times (-2)\} = 2$$

になります。

また，3 次の正方行列の場合は次のようになります。

$$|A| = \begin{vmatrix} a_{11} & a_{12} & a_{13} \\ a_{21} & a_{22} & a_{23} \\ a_{31} & a_{32} & a_{33} \end{vmatrix} = \begin{matrix} a_{11}a_{22}a_{33} + a_{21}a_{32}a_{13} + a_{31}a_{23}a_{12} \\ -(a_{13}a_{22}a_{31} + a_{23}a_{32}a_{11} + a_{33}a_{21}a_{12}) \end{matrix}$$

3 次になると式をそのまま覚えるのは無理ですが，サラスの公式と呼ばれる覚えやすい方法があります（図 14.1 右側）。なお，ページ数の都合もあって本書では扱いませんが，余因子展開または掃き出し法という方法を使えば，4 次以降の行列式を求めることも可能です。

練習問題 38

練習問題 37 の行列 A, D の行列式をそれぞれ求めよ。

[*3] 行列式のことを英語で determinant と言うので，行列式を $\det A$ と表記する方法もあります。

14.6.2 逆行列

あるスカラー k に対して，$k \times k^{-1} = 1$ となるような k^{-1} のことを逆数と言います。例えば 2 の逆数は 1/2 で，0.1 の逆数は $1/0.1 = 10$ です。

同じように，行列 A に対して，$AA^{-1} = A^{-1}A = I$ となるような A^{-1} を**逆行列**と言います（I は第 14.4 節で紹介した単位行列です）。そして，A が 2 次のときの逆行列は次のように求められます[*4]。

$$A^{-1} = \frac{1}{|A|} \begin{pmatrix} a_{22} & -a_{12} \\ -a_{21} & a_{11} \end{pmatrix}$$

ただし，逆行列はいつでも存在するわけではありません。$|A| = 0$，すなわち行列式がゼロのときには逆行列を定義できません。逆行列が存在する行列を**正則行列**と言い，行列が正則であるための条件は $|A| \neq 0$ です。

3 次の正方行列の逆行列も一応載せておきましょう。覚える必要はありません。雰囲気だけ楽しんでください。

$$A^{-1} = \frac{\begin{pmatrix} a_{22}a_{33} - a_{23}a_{32} & -(a_{12}a_{33} - a_{13}a_{32}) & a_{12}a_{23} - a_{13}a_{22} \\ -(a_{21}a_{33} - a_{23}a_{31}) & a_{11}a_{33} - a_{13}a_{31} & -(a_{11}a_{23} - a_{13}a_{21}) \\ a_{21}a_{32} - a_{22}a_{31} & -(a_{11}a_{32} - a_{12}a_{31}) & a_{11}a_{22} - a_{12}a_{21} \end{pmatrix}}{|A|}$$

14.6.3 連立方程式の解き方

n 個の変数 $x_1, x_2, ..., x_n$ に対して n 本の連立方程式があるとします。

$$\begin{cases} a_{11}x_1 + a_{12}x_2 + ... + a_{1n}x_n = b_1 \\ a_{21}x_1 + a_{22}x_2 + ... + a_{2n}x_n = b_2 \\ ... \\ a_{n1}x_1 + a_{n2}x_2 + ... + a_{nn}x_n = b_n \end{cases} \quad (14.1)$$

ここで，行列 A とベクトル $\boldsymbol{x}$, $\boldsymbol{b}$ を次のように定めます（このときの A を係数行列と言います）。

[*4] これが A の逆行列であることは，AA^{-1} を計算すれば確認できます。

$$A = \begin{pmatrix} a_{11} & a_{12} & \cdots & a_{1n} \\ a_{21} & a_{22} & \cdots & a_{2n} \\ \vdots & \vdots & \ddots & \vdots \\ a_{n1} & a_{n2} & \cdots & a_{nn} \end{pmatrix} \quad \boldsymbol{x} = \begin{pmatrix} x_1 \\ x_2 \\ \vdots \\ x_n \end{pmatrix} \quad \boldsymbol{b} = \begin{pmatrix} b_1 \\ b_2 \\ \vdots \\ b_n \end{pmatrix}$$

そうすると，(14.1) の方程式体系は (14.2) 式のように書き換えられます。

$$A\boldsymbol{x} = \boldsymbol{b} \tag{14.2}$$

一見，意味がわからないかもしれませんが，実際に行列とベクトルを展開してみるとわかります。自分で手を動かして，両者が同じであることを確かめてください。第 14.2.3 節でも述べたように，行列とベクトルを使うと，(14.1) のような複雑な体系を (14.2) 式のようにすっきりと表すことができます。これが線形代数の醍醐味です。

(14.2) 式の両辺に「左から」A^{-1} を掛けます[*5]。繰り返しになりますが，行列の場合は掛け算の順番が重要なので，間違えないようにしましょう。

$$A^{-1}A\boldsymbol{x} = A^{-1}\boldsymbol{b}$$

定義により，$A^{-1}A = I$ であり，$I\boldsymbol{x} = \boldsymbol{x}$ です。よって，上の式は

$$\boldsymbol{x} = A^{-1}\boldsymbol{b}$$

と書き換えられます。これで連立方程式が解けました。あとは $A^{-1}\boldsymbol{b}$ を計算すれば (14.1) の解が求まります。

14.6.4　2元1次連立方程式の場合

以上が一般論としての連立方程式の解き方です。でも，そう言われてもイメージがわかないでしょうから，具体的に計算してみましょう。例えば次の

[*5] A に逆行列が存在しないとき，つまり $|A| = 0$ のときにはこの方法は使えません。

14.6 連立方程式

ような連立方程式があるとします。

$$\begin{cases} 2x_1 + x_2 = 3 \\ x_1 - 3x_2 = 5 \end{cases} \tag{14.3}$$

もちろん，これぐらいなら普通に解いても答えにたどり着けますが，ここではあえて行列を使って解いてみます。まず，(14.3) を行列で表します。

$$\begin{pmatrix} 2 & 1 \\ 1 & -3 \end{pmatrix} \begin{pmatrix} x_1 \\ x_2 \end{pmatrix} = \begin{pmatrix} 3 \\ 5 \end{pmatrix} \tag{14.4}$$

次に，$\begin{pmatrix} 2 & 1 \\ 1 & -3 \end{pmatrix}$ の逆行列を求めます。行列式は $\begin{vmatrix} 2 & 1 \\ 1 & -3 \end{vmatrix} = -7$ なので，

$$\begin{pmatrix} 2 & 1 \\ 1 & -3 \end{pmatrix}^{-1} = -\frac{1}{7} \begin{pmatrix} -3 & -1 \\ -1 & 2 \end{pmatrix}$$

となり，この逆行列を (14.4) 式の両辺に「左から」掛けます。

$$\boxed{-\frac{1}{7} \begin{pmatrix} -3 & -1 \\ -1 & 2 \end{pmatrix}} \begin{pmatrix} 2 & 1 \\ 1 & -3 \end{pmatrix} \begin{pmatrix} x_1 \\ x_2 \end{pmatrix} = \boxed{-\frac{1}{7} \begin{pmatrix} -3 & -1 \\ -1 & 2 \end{pmatrix}} \begin{pmatrix} 3 \\ 5 \end{pmatrix}$$

← 左から逆行列を掛ける →

これを計算すると，

$$\begin{pmatrix} 1 & 0 \\ 0 & 1 \end{pmatrix} \begin{pmatrix} x_1 \\ x_2 \end{pmatrix} = -\frac{1}{7} \begin{pmatrix} -3 \times 3 - 1 \times 5 \\ -1 \times 3 + 2 \times 5 \end{pmatrix}$$

となって，これで連立方程式の解が求められます。

$$\begin{pmatrix} x_1 \\ x_2 \end{pmatrix} = \begin{pmatrix} 2 \\ -1 \end{pmatrix}$$

「なんか普通に解くより余計に難しいことしてない？」と思うかもしれません。それは確かにその通りで，線形代数が本領を発揮するのはもっと多くの式を扱い，かつコンピュータを使って処理するときです。だから，この程

度の方程式を手作業で解いてもあまり恩恵を感じることはありません．でも，行列を使って連立方程式を解く感覚はとても大切なので（あとで出てくる産業連関分析でもこの方法を使います），学生時代に一度はこの感覚を経験しておくといつかは良いことがある... かもしれません．

14.6.5　クラメールの公式

連立方程式にはクラメールの公式（Cramer's Rule）と呼ばれる一般的な解法が存在します[*6]．ここではその方法を，証明や説明抜きで紹介します．

(14.2) 式の係数行列 A を見てください．この A の第 i 列の要素を，ベクトル b で置き換えるとします．そうしてできた新しい行列を A_i と名付けましょう．例えば A_1 や A_2 を次のように定義するわけです．

$$A_1 = \begin{pmatrix} b_1 & a_{12} & \cdots & a_{1n} \\ b_2 & a_{22} & \cdots & a_{2n} \\ \vdots & \vdots & \ddots & \vdots \\ b_n & a_{n2} & \cdots & a_{nn} \end{pmatrix} \quad A_2 = \begin{pmatrix} a_{11} & b_1 & \cdots & a_{1n} \\ a_{21} & b_2 & \cdots & a_{2n} \\ \vdots & \vdots & \ddots & \vdots \\ a_{n1} & b_n & \cdots & a_{nn} \end{pmatrix}$$

A の 1 列目を b に置き換えた　　　　A の 2 列目を b に置き換えた

このとき，連立方程式の解を与えるのがクラメールの公式です．

―― クラメールの公式 ――

$$x_i = \frac{|A_i|}{|A|}$$

[*6] "Cramer" をクラーメルとかクラメルと表記する場合もあります．

14.6 連立方程式

(14.4) 式を使って具体的に確認しましょう。係数行列 A とベクトル b を

$$A = \begin{pmatrix} 2 & 1 \\ 1 & -3 \end{pmatrix} \qquad b = \begin{pmatrix} 3 \\ 5 \end{pmatrix}$$

とすれば，A_1，A_2 は次のようになります．

$$A_1 = \begin{pmatrix} 3 & 1 \\ 5 & -3 \end{pmatrix} \qquad A_2 = \begin{pmatrix} 2 & 3 \\ 1 & 5 \end{pmatrix}$$

　　　　↑　　　　　　　　　　　↑
　　1列目を b に置き換えた　　　2列目を b に置き換えた

次に，それぞれの行列式を求めます．

$$|A| = 2 \times (-3) - 1 \times 1 = -7$$
$$|A_1| = 3 \times (-3) - 1 \times 5 = -14$$
$$|A_2| = 2 \times 5 - 3 \times 1 = 7$$

これで準備完了です．これらの値をクラメールの公式に当てはめると，連立方程式の解が求められます．

$$x_1 = \frac{|A_1|}{|A|} = \frac{-14}{-7} = 2$$
$$x_2 = \frac{|A_2|}{|A|} = \frac{7}{-7} = -1$$

練習問題 39

次の連立方程式を，逆行列を使う方法やクラメールの公式を使って解け．

(1) $\begin{cases} 2x - 3y = -24 \\ 3x + 5y = 2 \end{cases}$
(2) $\begin{cases} \frac{3}{4}x - \frac{1}{2}y = \frac{13}{4} \\ 2x + \frac{1}{3}y = \frac{1}{3} \end{cases}$

14.7　産業連関分析

オリンピックや万博など，大きなイベントがあると「経済効果は○兆円」というニュースが流れます。実はあの計算にも行列が使われているので，最後にその紹介をしましょう。

海外からの旅行者が増えて，飲食店の売上が1億円分増えたとします。このとき，嬉しいのは飲食店だけではありません。飲食店は新しい需要に対応するために，追加で原材料を購入したり，電気などのエネルギーを消費したりします。場合によっては，新しい機械を導入するかもしれません。このように，ある産業で需要が増えると，別の産業にもその恩恵が広がります。そして，その恩恵はさらに別の産業に波及し…，ということが続き，これらの波及効果を合計したものが，「経済効果」として計上されるのです。

仮に外食産業の売上を50億円としましょう。そして，その売上を得るためには農産物を10億円分購入しなければならないとします。この比率が変わらないのなら，外食産業に1億円分の追加的な需要が発生すると，農業部門の売上が $10/50 = 0.2$ 億円分増えることになります。この 0.2 を，外食産業の農業に対する**投入係数**と言います。

この話を一般化しましょう。いま，産業 j の企業が産業 i から購入した金額を x_{ij}，産業 j 全体の売上を X_j と表します。このとき，産業 j の産業 i に対する投入係数 a_{ij} は，

$$a_{ij} = \frac{産業\,j\,の企業が産業\,i\,から買った金額の合計}{産業\,j\,全体の売上} = \frac{x_{ij}}{X_j} \quad (14.5)$$

と定義されます[*7]。

ところで，消費者が産業1に支払った金額（最終消費額）を F_1 で表すと，

[*7] 売上と原材料費を比較した場合，前者が後者を上回らなくてはいけません（そうでなければ赤字になってしまいます）。そのため，一般的には投入係数は1よりも小さな値を取ります。

14.7 産業連関分析

次の式が成り立つはずです。

$$x_{11} + x_{12} + F_1 = X_1$$

この式は，企業または消費者が産業 1 に支払った金額の合計（左辺）が産業 1 全体の売上（右辺）と一致していることを意味します。同様に産業 2 についても次式が成り立ちます。

$$x_{21} + x_{22} + F_2 = X_2$$

ここで，(14.5) 式を変形すると $x_{ij} = a_{ij}X_j$ なので，これを上の 2 式に代入します。

$$\begin{array}{l} a_{11}X_1 + a_{12}X_2 + F_1 = X_1 \\ a_{21}X_1 + a_{22}X_2 + F_2 = X_2 \end{array} \tag{14.6}$$

話をわかりやすくするために、再び具体的な値で考えましょう。仮に各産業の投入係数 (a_{ij}) が次のように与えられているとします。

	産業 1	産業 2
産業 1	$a_{11} = 0.3$	$a_{12} = 0.2$
産業 2	$a_{21} = 0.1$	$a_{22} = 0.4$

(14.6) を行列で表し，これらの値を代入します。

$$\begin{pmatrix} 0.3 & 0.2 \\ 0.1 & 0.4 \end{pmatrix} \begin{pmatrix} X_1 \\ X_2 \end{pmatrix} + \begin{pmatrix} F_1 \\ F_2 \end{pmatrix} = \begin{pmatrix} X_1 \\ X_2 \end{pmatrix}$$

単位行列を使って $\begin{pmatrix} X_1 \\ X_2 \end{pmatrix} = \begin{pmatrix} 1 & 0 \\ 0 & 1 \end{pmatrix} \begin{pmatrix} X_1 \\ X_2 \end{pmatrix}$ と書き直した上で，左辺と右辺を入れ替えて次のように変形します。

$$\begin{pmatrix} 1 & 0 \\ 0 & 1 \end{pmatrix} \begin{pmatrix} X_1 \\ X_2 \end{pmatrix} - \begin{pmatrix} 0.3 & 0.2 \\ 0.1 & 0.4 \end{pmatrix} \begin{pmatrix} X_1 \\ X_2 \end{pmatrix} = \begin{pmatrix} F_1 \\ F_2 \end{pmatrix}$$

左辺をまとめます。

$$\begin{pmatrix} 0.7 & -0.2 \\ -0.1 & 0.6 \end{pmatrix} \begin{pmatrix} X_1 \\ X_2 \end{pmatrix} = \begin{pmatrix} F_1 \\ F_2 \end{pmatrix} \tag{14.7}$$

ここで，$M = \begin{pmatrix} 0.7 & -0.2 \\ -0.1 & 0.6 \end{pmatrix}$ とおくと，M の逆行列は

$$M^{-1} = \frac{1}{0.4} \begin{pmatrix} 0.6 & 0.2 \\ 0.1 & 0.7 \end{pmatrix} = \begin{pmatrix} 1.5 & 0.5 \\ 0.25 & 1.75 \end{pmatrix}$$

なので，これを (14.7) 式の両辺に左から掛けます．

$$\begin{pmatrix} X_1 \\ X_2 \end{pmatrix} = \begin{pmatrix} 1.5 & 0.5 \\ 0.25 & 1.75 \end{pmatrix} \begin{pmatrix} F_1 \\ F_2 \end{pmatrix} \tag{14.8}$$

これで終わりです．(14.8) 式を導出することで，F_i の増加が X_1 や X_2 に与える影響がわかるようになりました．

と言われてもすぐにはピンと来ないかもしれませんね．その場合は，慣れるまで (14.8) 式を

$$X_1 = 1.5 F_1 + 0.5 F_2$$
$$X_2 = 0.25 F_1 + 1.75 F_2$$

と書き直すと良いでしょう．仮に何らかのイベントで産業 1 の最終消費 (F_1) が 1 億円増えたとします．このとき，上の 2 式から，産業 1 の売上 (X_1) が 1.5 億円，産業 2 の売上 (X_2) が 0.25 億円増えることがわかります．つまり，この経済全体で計 1.75 億円の経済効果が発生するのです．

同様に，産業 2 で最終消費が 1 億円増えたら，産業 1 の売上は 0.5 億円，産業 2 の売上は 1.75 億円増え，計 2.25 億円の経済効果が発生します．

このように，最終消費の増加は産業ごとに波及効果を生み出します．そしてそれを計測する手法を**産業連関分析**と言います．もちろん，現実の分析はここで紹介したものよりもっと複雑ですが，でも根本は同じです．ニュースなどで経済効果の話題が出たとき，皆さんはもうその背後でどんな計算が行われているのか想像できるようになったはずです．

産業連関分析ができると卒論やレポートを執筆する際に役立ちます．総務省や都道府県，市町村などが分析に有益なデータやツールを公開しているので，興味があったら一度見てみると良いでしょう．

今後の学習のために

　本書は本当に必要な最低限の数学しか扱っていませんので，次のステップに進むための文献を挙げておきます。まだ余力のある人はぜひ，もっと高いレベルの数学に触れてください。大雑把に，下に行くにつれて難易度が高くなっていくと考えればよいと思います。

〈経済数学全般〉

(1) 小林幹・吉田博之 (2020)『経済数学15講（ライブラリ経済学15講 BASIC編10）』新世社
(2) 多鹿智哉 (2023)『読んで理解する経済数学』新世社
(3) 小杉のぶ子 (2023)『経済学部生のための数学——高校数学から偏微分まで』コロナ社
(4) 浅利一郎・山下隆之 (2003)『はじめよう経済数学』日本評論社
(5) 竹之内脩 (2009)『経済・経営系　数学概説（第2版）』新世社
(6) 尾山大輔・安田洋祐 (2013)『改訂版 経済学で出る数学——高校数学からきちんと攻める』日本評論社
(7) A.C. チャン・K. ウエインライト (2010)『現代経済学の数学基礎（上）（下）』シーエーピー出版
(8) 門川和男 (2019)『【改訂版】よくわかる経済数学入門講義〈上〉静学分析編』学術研究出版

〈統計学・計量経済学〉

(1) 畑農鋭矢・水落正明 (2022)『データ分析をマスターする 12 のレッスン (新版)』有斐閣
(2) 中原治 (2022)『基礎から学ぶ統計学』羊土社
(3) 西山慶彦 他 (2019)『計量経済学 (New Liberal Arts Selection)』有斐閣

練習問題解答

第 2 章

練習問題 1
  (1) 正の相関 (2) 負の相関
  (3) 負の相関 (4) 正の相関
  (5) 正の相関 (6) 負の相関
  (7) 正の相関

練習問題 2
  (1)

  (2)

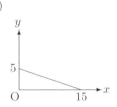

  (3)

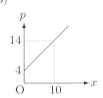

(4)

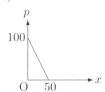

(5)

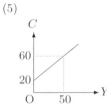

(6)

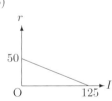

第 3 章

練習問題 3
  (1) $x = 40$
  (2) $x = 8$ (x は正の値しか取らないことに注意)
  (3) $I = 13$

練習問題 4
(1) 市場 A：超過需要
　　　（需要 = 85，供給 = 5）
　　市場 B：超過供給
　　　（需要 = 30，供給 = 50）
　　市場 C：超過需要
　　　（需要 = 40，供給 = 5）
(2) 市場 A：$(x,p) = (45, 110)$
　　市場 B：$(x,p) = (35, 15)$
　　市場 C：$(x,p) = (12, 44)$
(3) $p = 64$, $x = 8$

第 4 章

練習問題 5
(1)
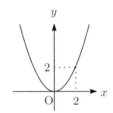
(2)
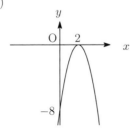

(3)
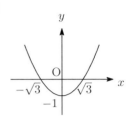

(4)
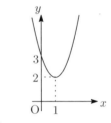

練習問題 6
(1) $y = (x-2)^2 - 6$
(2) $y = -2(x - \frac{3}{2})^2 + \frac{15}{2}$
(3) $y = -(x+1)^2 + 2$
(4) $y = 3(x - \frac{1}{2})^2 + \frac{1}{4}$
(5) $y = -3(x-2)^2 + 14$

練習問題 7
(1) $x = 2$ のとき，最小値 -6
(2) $x = \frac{3}{2}$ のとき，最大値 $\frac{15}{2}$
(3) $x = -1$ のとき，最大値 2
(4) $x = \frac{1}{2}$ のとき，最小値 $\frac{1}{4}$
(5) $x = 2$ のとき，最大値 14

練習問題 8
(1) 利潤関数 $\pi = px - C(x)$ に $p = 200 - 2x$ と $C(x) = 40x$ を代入
$$\pi = (200 - 2x)x - 40x$$
$$= -2(x-40)^2 + 3200$$
よって，$x = 40$ のときに最大の利潤 $\pi(40) = 3200$ を得る。

(2) (1) と同様に
$$\pi = 70x - \frac{1}{2}x^2 - 10x - 200$$
$$= -\frac{1}{2}(x-60)^2 + 1600$$

よって，$x = 60$ の生産をすればよい（その時の利潤は $\pi(60) = 1600$）。

練習問題 9
(1) $x = 1 \pm \sqrt{2}$
(2) $x = -3 \pm \sqrt{3}$
(3) $x = \dfrac{1 \pm \sqrt{37}}{6}$

練習問題 10
(1) 実数解を持たない
(2) 実数解を持たない
(3) 実数解を（1 つだけ）持つ

第 5 章
練習問題 11
(1) 3^6
(2) 5
(3) a^3
(4) b^{x-y}
(5) $3^{\frac{5}{3}}$ または $\sqrt[3]{3^5}$
(6) 5^2 または 25
(7) $a^{\frac{1}{3}}$ または $\sqrt[3]{a}$
(8) $a^{\frac{1}{12}}$ または $\sqrt[12]{a}$

練習問題 12
(1) 10×1.02^{10}
(2) 5 年後の両国の GDP の比率
A 国：B 国 $= 1.01^5 : 1.1^5$
$\fallingdotseq 1 : 1.53$
よって，約 1.53 倍
10 年後も同様に求めると，約 2.35 倍。

第 6 章
練習問題 13
(1) $\log_2 15$　(2) 1　(3) 3　(4) 0

練習問題 14
x 年後に A 国が B 国を抜くとする
$$100 \times 1.1^x > 300 \times 1.02^x$$
これを解いて，
$$x > \frac{0.4771}{0.0328} \fallingdotseq 14.5$$
よって，15 年後。

第 7 章
練習問題 15
貯蓄率が 10% のケースでは
$$X = \sum_{i=1}^{10} 10 \times 0.9^{i-1}$$
これを求めて $X = 65.1$ 万円。

同様に計算すると，貯蓄率が 25% のケースでは $X = 37.76$ 万円。

練習問題 16
(1) $16 \times \left[1 - \left(\frac{1}{2}\right)^n\right]$
(2) 12
(3) $2^{81} - 1$
(4) $10 \times (1.1^{81} - 1)$
$= 22{,}520$ 粒

(5) 配当額は,
1 年目：100×0.02
2 年目：$100 \times 1.1 \times 0.02$
3 年目：$100 \times 1.1^2 \times 0.02$
…
よって 10 年間の配当額の合計は
$$\sum_{i=1}^{10} 100 \times 1.1^{i-1} \times 0.02$$
これを計算して $X = 31.8$ 万円。

第 8 章
練習問題 17
(1) 8 　(2) -2 　(3) 2 　(4) 1

練習問題 18
(1) $f'(x) = 2$
(2) $f'(x) = 2$
(3) $y' = 6x^2 + 2x + 5$
(4) $y' = \frac{n}{3}x^{n-1} - (n-1)x^{n-2}$
(5) $p' = -1$
(6) $C' = 3x^2 + 8x - 1$
(7) $I' = -1 - 2r$
(8) $Y' = \dfrac{1}{1-c}$

練習問題 19
(1) $f'(1) = 4$
(2) $f'(-2) = -13$
(3) $p'(5) = 8$
(4) $I'(0.5) = -2$

第 9 章
練習問題 20
(1) $y'(x) = 3x^2 - 4x - 3$
$y'(2) = 1$
$y'(1) = -4$
$y'(-3) = 36$
よって,
$x = 2$ において右上がり
$x = 1$ において右下がり
$x = -3$ において右上がり
(2) $\pi'(6) = -4$
よって, 利潤を増やすためには,
生産量を減らすべきである。

練習問題 21
練習問題 8 と同じなので省略

練習問題 22
(1) $\frac{3}{4}$ 　(2) 2

第 10 章
練習問題 23
(1) $y' = \frac{5}{2}x^{\frac{3}{2}} + \frac{9}{2}x^{\frac{1}{2}} - \frac{1}{2}x^{-\frac{1}{2}}$
(2) $y' = 8x^3 + 6x^2 - 30x + 1$
(3) $y' = 4x^3 - 6x^2 + 12x - 8$

練習問題 24
(1) $y' = 4(x^2 - 2x - 4)(x-1)$
(2) $y' = 2\left(\frac{1}{4}x - 2\right)^7$
(3) $y' = \dfrac{x+2}{(x^2+4x-3)^{\frac{1}{2}}}$

練習問題 25
(1) $y' = \dfrac{3}{(x+1)^2}$
(2) $y' = \dfrac{x^2+2x}{(x+1)^2}$
(3) $y' = -\dfrac{2}{(2x+3)^2}$

193

練習問題 26
(1) $y' = 2e^{2x}$
(2) $y' = \dfrac{2x - 2}{x^2 - 2x + 2}$
(3) $y' = e^x \log_e x + \dfrac{e^x}{x}$
(4) $y' = -\dfrac{x^2}{e^x}$

第 11 章
練習問題 27

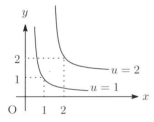

練習問題 28
g_α は $\partial g / \partial \alpha$ を表す。
(1) $f_x = 4xy + y^3$
    $f_y = 2x^2 + 3xy^2$
(2) $f_x = 8x - y$
    $f_y = -x - 10y$
(3) $f_x = \dfrac{1}{y}$, $f_y = -\dfrac{x}{y^2}$
(4) $Y_K = K^{-\frac{2}{3}} L^{\frac{2}{3}}$
    $Y_L = 2K^{\frac{1}{3}} L^{-\frac{1}{3}}$
(5) $U_X = G$
    $U_G = X + 2G$
(6) $\pi_{q_1} = 100 - 4q_1 - q_2$
    $\pi_{q_2} = -q_1$

練習問題 29
$dz = (4x + y)dx + (x + 6y)dy$

練習問題 30
(1) $x = 20, y = 60$
(2) $x = \frac{40}{3}, y = 80$
ヒント：途中で

$$\dfrac{\frac{1}{3} x^{-\frac{2}{3}} y^{\frac{2}{3}}}{\frac{2}{3} x^{\frac{1}{3}} y^{-\frac{1}{3}}}$$

という式が出てきます。この分母と分子の両方に $3x^{\frac{2}{3}} y^{\frac{1}{3}}$ を掛けると

$$\dfrac{\frac{1}{3} x^{-\frac{2}{3}} y^{\frac{2}{3}} \times 3x^{\frac{2}{3}} y^{\frac{1}{3}}}{\frac{2}{3} x^{\frac{1}{3}} y^{-\frac{1}{3}} \times 3x^{\frac{2}{3}} y^{\frac{1}{3}}} = \dfrac{y}{2x}$$

となります。

練習問題 31
$x = 2\sqrt{5}, y = \sqrt{5}$

第 12 章
練習問題 32
度数分布表

点数	度数（人）
1	4
2	7
3	6
4	5
5	3
6	2
7	2
8	2
9	1
10	1

ヒストグラム：省略

平均点　　：4 点
メディアン：3 点
モード　　：2 点

練習問題 33
　平均点　　：10 点
　分散　　　：20
　標準偏差：$\sqrt{20} \fallingdotseq 4.47$

第 13 章
練習問題 34
　(1) $\frac{3}{10}$　(2) $\frac{7}{10}$　(3) $\frac{1}{2}$
　(4) $\frac{1}{4}$　(5) $\frac{1}{15}$

練習問題 35
　(1) 98 トン
　(2) 共に X 人の顧客と交渉したと想定。
　　A の契約額の期待値
　　$$X \times \frac{1}{3} \times 15 = 5X \text{ 万円}$$
　　B の契約額の期待値
　　$$X \times \frac{1}{10} \times 60 = 6X \text{ 万円}$$
　　よって，期待値としては B の方が多額の取引ができる。

第 14 章
練習問題 36
　(1) $(3, 6, 1)$
　(2) $(-1, 4, -5)$
　(3) 1

練習問題 37
　(1) $\begin{pmatrix} 6 & -1 \\ -4 & 4 \end{pmatrix}$
　(2) 計算不可
　(3) $\begin{pmatrix} 8 & -2 \\ -14 & 5 \end{pmatrix}$
　(4) $\begin{pmatrix} 10 & -3 \\ -6 & 3 \end{pmatrix}$
　(5) $\begin{pmatrix} -6 & 2 & 4 \\ 6 & 13 & -10 \end{pmatrix}$
　(6) $\begin{pmatrix} -12 & -1 & 10 \\ 6 & 3 & -6 \end{pmatrix}$
　(7) $\begin{pmatrix} -9 & 11 & 1 \\ 18 & -2 & 23 \end{pmatrix}$
　(8) 計算不可

練習問題 38
　(1) $|A| = 6$
　(2) $|D| = 65$

練習問題 39
　(1) $(x, y) = (-6, 4)$
　(2) $(x, y) = (1, -5)$

【著者略歴】

西森　晃（にしもり　あきら）
　1971年生まれ。
　2000年　名古屋大学大学院経済学研究科博士課程（後期課程）修了。
　専攻：財政学、公共経済学。
　2000年　愛知大学経済学部講師。2003年、同助教授、2007年、同准教授。
　2008年から南山大学経済学部准教授。
〈主要著書〉
『高校生のための数学入門』（21世紀南山の経済学②）日本経済評論社、2012 年。
『公共経済学 第2版』（ベーシック＋）小川光との共著、中央経済社、2022 年。

新版 これから経済学をまなぶ人のための数学基礎レッスン

2012年11月21日　　第1版第1刷発行
2024年12月10日　　新版　第1刷発行

著　者　西　森　　晃
発行者　柿　﨑　　均

発行所　株式会社　日本経済評論社
〒101-0062　東京都千代田区神田駿河台1-7-7
電話　03-5577-7286　FAX　03-5577-2803
E-mail：info8188@nikkeihyo.co.jp
URL：http://www.nikkeihyo.co.jp/
装幀＊渡辺美知子　　　　　　印刷＊藤原印刷／製本＊誠製本

乱丁落丁本はお取替えいたします。　　Printed in Japan
価格はカバーに表示しています。
© Nishimori Akira 2012　　　　　ISBN978-4-8188-2675-5

・本書の複製権・翻訳権・上映権・譲渡権・公衆送信権（送信可能化権を含む）は、
　㈱日本経済評論社が著作権者からの委託を受け管理しています。
・JCOPY〈(一社)出版者著作権管理機構　委託出版物〉
本書の無断複写は著作権法上での例外を除き禁じられています。複写される場合
は、そのつど事前に、(一社)出版者著作権管理機構（電話 03-5244-5088、
FAX 03-5244-5089、e-mail: info@jcopy.or.jp）の許諾を得てください。

高校生のための数学入門
大学で経済学を学ぶには、高校数学のどの分野を勉強しておくべきだろうか。このブックレットは、経済学では数学をどう使うか、その入り口を簡潔に紹介するベストガイダンス。(21世紀南山の経済学②)

西森　晃著　本体700円

進化経済学 基礎
限られた能力と繰り返せない時間。なのにわたしたちの社会はなんとか動いている。その動作と進化の謎に進化経済学が挑む。「進化経済学」という分野からの初の体系的かつ学部生向きテキスト。

西部忠・吉田雅明編集代表　本体2500円

やさしい経済学史
スミス、マルクス、ケインズを中心に、古代ギリシア・中世ヨーロッパから重商主義、古典派、新古典派までの経済学の道のりと、それを築いた経済学者たちの功績を概観する。(21世紀南山の経済学③)

中矢俊博著　本体700円

日本経済評論社